Frühlingsduft für deine Seele

Frühlingsduft für deine Seele

Das Lesebuch
für die schönste Zeit im Jahr

benno

Bibliografische Information der
Deutschen Nationalbibliothek
Die Deutsche Nationalbibliothek verzeichnet diese
Publikation in der Deutschen Nationalbibliografie;
detaillierte bibliografische Daten sind im Internet unter
http://dnb.d-nb.de abrufbar.

Besuchen Sie uns im Internet:
www.st-benno.de

ISBN 978-3-7462-3330-7

© St. Benno-Verlag GmbH
Stammerstr. 11, 04149 Leipzig
Zusammenstellung: Volker Bauch, Leipzig
Umschlaggestaltung: Ulrike Vetter, Leipzig
Umschlagabbildung: © acik/Fotolia.de
Gesamtherstellung: Kontext, Lemsel (A)

Inhaltsverzeichnis

Die Seele der Blumen

Karl Heinrich Waggerl Begegnung mit
    dem Löwenzahn   8

Hermann Hesse Der Pfirsichbaum   14

Joseph von Eichendorff Schneeglöckchen   22

Johann Wolfgang von Goethe
    Mit einer Hyazinthe   24

Arthur Schnitzler Blumen   25

Der neue Geist des Osterfests

König der Könige   47

Werner Bergengruen Der Ostergruß   48

Marie Luise Kaschnitz Am Feiertag   53

Eckart zur Nieden Der Gärtner   56

Marie Luise Kaschnitz Der Deserteur   73

Peter Härtling Der Hase Theodor   91

Leo Tolstoi Die Kinder sind klüger
    als die Alten   98

Anton Tschechow Der Student   104

Dom Hélder Câmara Das Neue muss
   entdeckt werden   114

Max Frisch Schirme, glanznass und
   schwarz   117

Rainer Maria Rilke Aus einem Frühling   119

Maikäfer, fliege

Hermann Löns Der Maikäfer   121

Reinhard Mey Es gibt keine
   Maikäfer mehr   128

Peter Frankenfeld Maikäfer, flieg!   133

Hermann Löns Der Maikäfer gehört
   zu den Schuljungen   137

Jean Paul Das Maiblümchen   139

Cäsar Flaischlen Hab Sonne im Herzen   140

Theodor Fontane Guter Rat   142

Die Seele der Blumen

Begegnung mit dem Löwenzahn

KARL HEINRICH WAGGERL

*I*ch sehe mich in der Kindheit, im zeitigen Frühjahr auf kurzen Beinen über rauchende Acker stolpern und nach rötlichen Blattrosetten suchen, die dann klein geschnitten und mit Essig angerichtet, ein köstliches Gemüse lieferten, den würzig bitteren Salat der armen Leute. Was mir dabei entgangen war, schoss bald darauf mächtig ins Kraut, und nunmehr war der Löwenzahn nur noch für mich von Nutzen. Die Bauern betrachteten ihre buttergelben Wiesen missmutig, weil das Blattwerk nicht zum Heumachen taugte, es zerfiel beim Trocknen in nutzlose Krümel. Aber wenn ich die hohlen Stängel spaltete und in den Brunnentrog legte, konnte ich zusehen, wie sie lebendig wurden und sich in wunderbare Gebilde verwandelten, in seidig glänzende Spiralen und Schnecken. Wäre meine Schwester nicht so ein sperriges Frauenzimmer gewesen, ich hätte sie wie eine Prinzessin mit köstlichem Geschmeide ausstatten können, mit Ohrgehängen und Armreifen und meterlangen Ketten aus zusammengesteckten Ringen. Auch die Mutter hielt leider nicht viel von meinem Vorschlag, eine Löwenzahnwasserleitung durch die ganze Stube zu legen und die Pelargonien auf dem Fensterbrett tropfenweise zu tränken. Aber eine andere Entdeckung half mir wenigstens in der Schule über manche langweilige Stunde hinweg, die ich wegen irgendwelcher Missetaten neben dem Katheder kniend verbringen musste. Wenn ich nämlich ein kurzes Stängelstück auf gewisse Weise zwischen die Lippen klemmte und dann Luft hineinpumpte, erzeugte ich Geräusche, die zu meiner eigenen Überraschung von überall herzukommen schienen, etwa als ob ein Hündchen vor der Tür winselte oder ein Schwein hinter der Schultafel grunzte.

Es glückte dem Lehrer nie, die Quelle dieses Unfuges an mir zu entdecken, denn er konnte mir zwar tief in den Schlund, aber nicht bis in den Magen schauen. Eben vorhin habe ich, der Glaubwürdigkeit meines Berichts zuliebe, mich wieder in jener Kunst versucht, leider erfolglos. Wahrscheinlich gelang mir der Zauber damals nur mit Hilfe einer Zahnlücke, die ich nicht mehr besitze. Nun, ich war wirklich ein halbes Leben lang um die Rätsel pflanzlichen Lebens bemüht, weniger mit dem kühlen und genauen Verstand eines Forschers freilich, als mit der verspielten Neugier des Liebhabers. Jahrelang suchte ich unzählige Felder mit dem Fernglas ab, um einen weißen Löwenzahn zu entdecken, oder zumindest einen, der ein bisschen röter oder blasser blühte als die übrigen. Wenn ich nun mit einiger Sicherheit behaupten kann, dass auf dieser Erde jede Löwenzahnblüte genauso gelb ist wie jede andere, während anderseits kein einziges Löwenzahnblatt auch nur ungefähr irgendeinem anderen gleicht, dann wird mir das die Wissenschaft wohl kaum sehr hoch anrechnen. Ohnehin muss ich meinen Lehrsatz insofern wieder einschränken, als mir unlängst ein berühmter Gelehrter mitteilte, es gäbe Geschöpfe, Bienen zum Beispiel, die, weit besser ausgerüstet als unsereins, bei jedem Anflug unter einer unabsehbaren Menge von Löwenzahnen schon von Weitem die ihnen zugeteilten finden können. Hut ab vor den Bienen, jenen Symbolen der mir unzugänglichen Tugend des Fleißes, aber für noch merkwürdiger halte ich den Umstand, dass der Löwenzahn seine Gäste offenbar nur als lauterer Güte so reichlich mit Nektar bewirtet. Er lässt sich nämlich die Zeche nicht wie andere Pflanzen durch Liebesdienste bezahlen, sondern bringt, weil er eigentlich ein keusches weibliches Wesen ist, seine Kinder durch Jungfernzeugung zur Welt. Als ich diese erstaunliche Behauptung in einem Lehrbuch entdeckte, entschloss ich mich sogleich, die Sache durch einen scharfsinnigen Versuch nachzuprüfen, mit einiger Arglist, wie ich zugeben muss. Ich bin schon immer gern auf Umwegen, von hinten sozusagen, an schwierige Dinge herangegangen, und meistens war die Kehrseite die bessere. Also setzte ich einen jungen Löwenzahn, sorgsam ausgegraben, eingetopft in gute Erde, und nach etlichen Wochen schnitt ich mit einer scharfen Klinge quer durch die runde Blütenknospe, um alles zu entfernen, was sonst der Fortpflanzung förderlich ist, Staubbeutel, Griffel und Narben. Als die Blüte sich entfaltete, sah sie wohl ein wenig zerrupft und unansehnlich aus, aber die Fruchtknoten entwickelten sich dennoch und bildeten die gewöhnlichen weiß beschirmten Samen. Schließlich hatte ich Mühe, noch ein Dutzend davon zu ergattern, und tatsächlich geschah das Wunder: sie keimten alle. Inzwischen, seit ich bessere Manieren erlernt habe und auch ein Haus mit einem Garten besitze, trübte sich meine Freundschaft mit den Löwenzahnen ein wenig, wir führen einen zwar nicht gehässigen, aber listenreichen Krieg gegeneinander. Im späten Frühling stehen ihre Feldheere auf allen Wiesen um mein eingezäuntes Geviert, Landsknechte mit prahlerischen Helmbüschen und in zackiges Eisen gehüllt. Ich weiß, schon im letzten Jahr haben sich ihre Späher überall bei mir eingeschlichen, es hilft nicht, solch einen Burschen am Schopf herauszuholen, für ihn schlüpfen drei neue aus dem Stumpf. Vermutlich haben sie längst entdeckt, dass sie im Wurzelgeflecht des Rittersporns oder meiner kostbaren Pfingstrosen am sichersten sind, weil ich mich doch nie entschließen könnte, ihretwegen schuhtiefe Löcher hineinzugraben. Ich sollte es gut sein lassen. Eine Welt voll Löwenzahn hielte ich für schöner, für friedlicher jedenfalls, als eine Welt voll Menschen, denen überall, wohin sie treten, nur Unheil auf den Fersen folgt.

Der Pfirsichbaum

HERMANN HESSE

*H*eut Nacht ging der Föhn gewaltig und erbarmungslos über das geduldige Land, über die leeren Felder und Gärten, durch die dürren Reben und den kahlen Wald, zerrte an jedem Ast und Stamm, heulte fauchend vor jedem Hindernis, klapperte knöchern im Feigenbaum und trieb Wolken welken Laubes in Wirbeln bis in alle Höhen. Sauber in große Haufen hingestrichen, lag es am Morgen, plattgedrückt und geduckt, hinter jeder Ecke und jedem Mauervorsprung, die einen Windschutz boten.

Und als ich in den Garten kam, war ein Unglück geschehen. Der größte von meinen Pfirsichbäumen lag am Boden, nahe über der Erde abgebrochen und über die steile Böschung des Rebbergs hinabgestürzt. Sie werden ja nicht sehr alt, diese Bäume, und gehören nicht zu den Riesen und Helden, sie sind zart und anfällig, gegen Verletzungen überempfindlich, ihr harziger Saft hat etwas von altem, überzüchtetem Adelsblut. Es war kein besonders edler oder schöner Baum, der da gefallen war, aber er war eben doch der größte meiner Pfirsichbäume gewesen, ein alter Bekannter und Freund, schon länger als ich auf diesem Grundstück heimisch. Jedes Jahr hatte er bald nach der Mitte des März seine Knospen geöffnet und seine rosig blühende, schaumige Krone kraftvoll vom Blau des Schönwetterhimmels und unendlich zart vom Grau eines Regenhimmels abgehoben, hatte in den launigen Böen frischer Apriltage geschaukelt, durchflogen von den goldenen Flammen der Zitronenfalter, hatte sich gegen den bösen Föhn gestemmt, war still und wie träumerisch im nassen Grau der Regenzeiten gestanden, leicht gebeugt zu seinen Füßen niederblickend, wo mit jedem Regentag das Gras der steilen Rebhänge grüner und fetter wurde. Manchmal hatte ich einen kleinen blühenden Zweig von ihm mit ins Haus und Zimmer genommen, manchmal ihm zur Zeit, wo die Früchte schwer zu werden begannen, mit einer Stütze geholfen, manchmal auch hatte ich in frühern Jahren, frech genug, ihn in seiner Blütezeit zu malen versucht. In allen Jahreszeiten hatte er dagestanden, seinen Ort in meiner kleinen Welt gehabt und mit dazu gehört, hatte Hitze und Schnee, Sturm und Stille miterlebt, hatte seinen Ton zum Liede, seinen Klang zum Bilde beigetragen, war allmählich hoch über die Rebenpfähle hinausgewachsen und hatte Generationen von Eidechsen, Schlangen, Schmetterlingen und Vögeln überdauert. Er war nicht ausgezeichnet, nicht besonders beachtet, aber unentbehrlich gewesen. Zur Zeit der beginnenden Reife hatte ich jeden Morgen den kleinen Abstecher vom Treppenwegchen zu ihm hinüber gemacht, die in der Nacht gefallenen Pfirsiche aus dem feuchten Grase gelesen und sie in der Tasche, im Korb oder auch im Hut mit zum Hause hinaufgebracht und auf die Terrassenbrüstung an die Sonne gelegt. Nun war am Ort, der diesem alten Bekannten und Freund gehört hatte, ein Loch entstanden, die kleine Welt hatte einen Riss, durch den das Leere, das Finstre, der Tod, das Grauen hereinblickte. Traurig lag der gebrochene Stamm, das Stammholz sah mürbe und etwas schwammig aus, die Äste waren im Sturz geknickt; in zwei Wochen vielleicht hätten sie wieder einmal ihre rosenrote Frühlingskrone getragen und den blauen oder grauen Himmeln entgegengehalten. Nie mehr würde ich einen Zweig, nie mehr eine Frucht von ihm pflücken, nie mehr die eigenwillige und etwas fantastische Struktur seiner Verästelung nachzuzeichnen versuchen, nie mehr am heißen Sommermittag vom Treppenweg zu ihm hinübergehen, um einen Augenblick in seinem dünnen Schatten zu rasten. Ich rief Lorenzo, den Gärtner, und wies ihn an, den

Gestürzten zum Stall zu tragen. Da würde er am nächsten Regentag, wenn es gerade keine andre Arbeit gab, zu Brennholz zersägt werden. Unmutig sah ich ihm nach. Ach, dass auch auf Bäume kein Verlass ist, dass auch sie einem abhandenkommen, einem wegsterben, einen eines Tages im Stich lassen und ins große Dunkel hinüber verschwinden können!

Ich sah Lorenzo nach, der schwer an dem Stamm zu schleppen hatte. Leb wohl, mein lieber Pfirsichbaum! Wenigstens bist du, und dafür preise ich dich glücklich, einen anständigen, einen natürlichen und richtigen Tod gestorben, hast dich gestemmt und gehalten, bis es nicht mehr ging und dir der große Feind die Glieder aus den Gelenken drehte. Du hast nachgeben müssen, bist gestürzt und von deiner Wurzel getrennt worden. Aber du bist nicht von Fliegerbomben zersplittert, nicht von teuflischen Säuren verbrannt, nicht wie Millionen aus der heimatlichen Erde gerissen, mit blutenden

Wurzeln wieder flüchtig eingepflanzt und bald aufs Neue gepackt und heimatlos gemacht worden, du hast nicht Untergang und Zerstörung, Krieg und Schändung um dich her erleben und im Elend absterben müssen. Du hast ein Schicksal gehabt, wie es deinesgleichen zukommt und ansteht. Dafür preise ich dich glücklich; du bist besser und schöner alt geworden und bist würdiger gestorben als wir, die wir uns in unsern alten Tagen gegen das Gift und Elend einer verpesteten Welt zu wehren haben und jeden Atemzug sauberer Luft der ringsum fressenden Verderbnis abkämpfen müssen.

Als ich den Baum hatte liegen sehen, hatte ich wie immer bei einem solchen Verlust an Ersatz gedacht, an Neupflanzen. An der Stelle des Gestürzten würden wir ein Loch graben und es eine gute Weile offen stehen lassen, der Luft, dem Regen und der Sonne ausgesetzt, in das Loch würden wir mit der Zeit etwas Mist, etwas Dung vom Unkrauthaufen, und allerlei mit Holzasche gemischte Abfalle tun, und dann eines Tages, womöglich bei einem sanften lauen Regen, ein neues, junges Bäumchen pflanzen. Es würde auch diesem Jungen, diesem Baumkind, Erde und Luft hier leidlich behagen, auch es würde zum Kameraden und guten Nachbarn der Reben, der Blumen, der Eidechsen, der Vögel und der Schmetterlinge werden, würde in ein paar Jahren Früchte tragen, würde jeden Frühling in der zweiten Hälfte des März seine lieben Blüten treiben und, wenn das Schicksal ihm wohlwollte, einmal als ein alter müd gewordener Baum irgendeinem Sturm oder Erdrutsch oder Schneedruck zum Opfer fallen.

Aber ich konnte mich diesmal nicht zum Nachpflanzen entschließen. Ich hatte ziemlich viele Bäume in meinem Leben gepflanzt, es kam auf den einen nicht an. Und es wehrte sich etwas in mir dagegen, auch hier und diesmal wieder den Kreislauf zu erneuern, das Rad des Lebens aufs Neue anzutreiben, dem gefräßigen Tode eine neue Beute heranzuzüchten. Ich mochte nicht. Die Stelle soll leer bleiben.

Wenn ein Baum entgipfelt wird, treibt er gern in Wurzelnähe neue Sprossen hervor, und so kehrt oft auch eine Seele, die in der Blüte krank wurde und verdarb, in die frühlinghafte Zeit der Anfänge und ahnungsvollen Kindheit zurück, als könnte sie dort neue Hoffnungen entdecken und den abgebrochenen Lebensfaden aufs Neue anknüpfen. Die Wurzelsprossen geilen saftig und eilig auf, aber es ist ein Scheinleben, und es wird nie wieder ein rechter Baum daraus.

Schneeglöckchen

JOSEPH VON EICHENDORFF

's war doch wie ein leises Singen
In dem Garten heute Nacht,
Wie wenn laue Lüfte gingen:
»Süße Glöcklein, nun erwacht,
Denn die warme Zeit wir bringen,
Eh's noch jemand hat gedacht.« –
‚s war kein Singen, ‚s war ein Küssen,

Rührt' die stillen Glöcklein sacht,
Dass sie alle tönen müssen
Von der künft'gen bunten Pracht.
Ach, sie konnten's nicht erwarten,
Aber weiß vom letzten Schnee
War noch immer Feld und Garten,
Und sie sanken um vor Weh.

So schon manche Dichter streckten
Sangesmüde sich hinab,
Und der Frühling, den sie weckten,
Rauschet über ihrem Grab.

Mit einer Hyazinthe

JOHANN WOLFGANG VON GOETHE

Aus dem Zaubertal dortnieden,
Das der Regen still umtrübt,
Aus dem Taumel der Gewässer
Sendet Blume, Gruß und Frieden,
Der dich immer treu und besser,
Als du glauben magst, geliebt.

Diese Blume, die ich pflücke,
Neben mir vom Tau genährt,
Lässt die Mutter still zurücke,
Die sich in sich selbst vermehrt.
Lang entblättert und verborgen,
Mit den Kindern an der Brust,
Wird am neuen Frühlingsmorgen
Vielfach sie des Gärtners Lust.

Blumen

ARTHUR SCHNITZLER

Da bin ich nun den ganzen Nachmittag in den Straßen herumspaziert, auf die stiller weißer Schnee langsam herunterschwebte, – und bin nun zu Hause, und die Lampe brennt, und die Zigarre ist angezündet, und die Bücher liegen da, und alles ist bereit, dass ich mich so recht behaglich fühlen könnte ... Aber es ist ganz vergeblich, und ich muss immer nur an dasselbe denken.

War sie nicht längst für mich gestorben? ... ja, tot, oder gar, wie ich mit dem kindischen Pathos der Betrogenen dachte, »schlimmer als tot«? ... Und nun, seit ich weiß, dass sie nicht »schlimmer als tot« ist, nein, einfach tot, so wie die vielen anderen, die draußen liegen, tief unter der Erde, immer, immer, wenn der Frühling da ist, und wenn der schwüle Sommer kommt, und wenn der Schnee fällt wie heute ... so ohne jede Hoffnung des Wiederkommens – seither weiß ich, dass sie auch für mich um keinen Augenblick früher gestorben ist als für die anderen Menschen. Schmerz? – Nein. Es ist ja doch nur der allgemeine Schauer, der uns fasst, wenn etwas ins Grab sinkt, das uns einmal gehört hat, und dessen Wesen uns noch immer ganz deutlich vor Augen steht, mit dem Leuchten des Blickes und mit dem Klang der Stimme.

Es war ja gewiss sehr traurig, als ich damals ihren Betrug entdeckte; ... aber was war da noch alles dabei! ... Die Wut und der plötzliche Hass und der Ekel vor dem Dasein und – ach ja gewiss! – die gekränkte Eitelkeit; – ich bin ja erst nach und nach auf den Schmerz gekommen! Und dann war ein Trost da, der zur Wohltat wurde: dass sie selbst leiden musste. – Ich habe sie noch alle, jeden Augenblick kann ich sie wieder lesen, die Dutzende Briefe, die um Verzeihung flehten, schluchzten, jammerten! – – Und ich sehe sie selbst noch vor mir, in dem dunkeln, englischen Kleide, mit dem kleinen Strohhut, wie sie an der Ecke der Straße stand, in der Abenddämmerung, wenn ich aus dem Haustore trat, ... und mir nachschaute ... Und auch an jenes letzte Wiedersehen denk' ich noch, wie sie vor mir stand mit den großen, staunenden Augen in dem runden Kindergesicht, das nun so blass und verhärmt war ... Ich habe ihr nicht die Hand gegeben, als sie ging; – als sie zum letzten Male ging. – Und vom Fenster aus hab' ich sie noch bis zur Straßenecke gehen sehen, und da ist sie verschwunden – – – für immer. Jetzt kann sie nicht wiederkommen ...

Dass ich es überhaupt weiß, ist ein Zufall. Es hätte auch noch Wochen, Monate dauern können. Ich begegnete vormittags ihrem Onkel, den ich wohl ein Jahr lang nicht gesehen hatte, und der sich nur selten in Wien aufhält. Nur ein paarmal hatte ich ihn früher gesprochen. Zuerst, vor drei Jahren, an einem »Kegelabend«, zu welchem auch sie mit ihrer Mutter hingekommen war. – Und dann im Sommer drauf: da war ich mit ein paar Freunden im Prater, in der »Csarda«. Und an dem Tisch neben uns saß der Onkel mit zwei oder drei Herren, sehr gemütlich, beinahe fidel, und trank mir zu. Und bevor er den Garten verließ, blieb er noch bei mir stehen, und, wie ein großes Geheimnis, teilte er mir mit, dass seine Nichte für mich schwärme! – Und mir kam das so im Halbdusel eigentümlich und lustig und beinahe abenteuerlich vor, dass der alte Mann mir das hier erzählte, unter den Klängen des Cymbals und der hellen Geigen, – mir, der ich das so gut wusste, und dem noch der Duft ihres letzten Kusses auf den Lippen lag ... Und nun, heute vormittag! Fast wär' ich an ihm vorbeigegangen. Ich fragte ihn nach seiner Nichte, mehr aus Höflichkeit als aus Interesse ... Ich wusste ja nichts mehr von ihr; auch die Briefe waren schon längst nicht mehr gekommen; nur Blumen schickte sie regelmäßig. Erinnerungen an einen unserer seligsten Tage; einmal jeden Monat kamen sie; kein Wort dazu, schweigende, demütige Blumen ... – Und wie ich den Alten fragte, war er ganz erstaunt. Sie wissen nicht, dass das arme Kind vor einer Woche gestorben ist? Ich erschrak heftig. – Er erzählte mir dann noch mehr. Dass sie lange gekränkelt habe, dass sie aber kaum acht Tage zu Bett gelegen sei ... Und was ihr gefehlt habe? ... »Gemütskrankheit ... Blutarmut ... Die Ärzte wissen ja nie was Rechtes.« –

Ich bin noch lange auf der Stelle stehen geblieben, wo mich der alte Mann verlassen hatte; – ich war abgespannt, als lägen große Mühen hinter mir. – Und jetzt ist mir, als müsste ich den heutigen Tag als einen betrachten, der einen Abschnitt meines Lebens bedeutete. Warum? – Warum? Mir ist nur etwas Äußerliches begegnet. Ich habe nichts mehr für sie empfunden, ich habe kaum noch ihrer gedacht. Und dass ich alles dies niederschrieb, hat mir wohlgetan: ich bin ruhiger geworden ... Ich beginne die Behaglichkeit meines Heims zu empfinden. – Es ist überflüssig und selbstquälerisch, weiter darüber zu denken ... Es wird schon irgendwen geben, der tieferen Grund hat, heute zu trauern, als ich.

Ich habe einen Spaziergang gemacht. Heiterer Wintertag. Der Himmel so blass, so kalt, so weit ... Und ich bin sehr ruhig. Der alte Mann, den ich gestern traf, ... mir ist, als wenn es vor vielen Wochen gewesen wäre. – Und wenn ich an sie denke, kann ich sie mir in eigentümlich scharfen, fertigen Umrissen vorstellen; und nur eins fehlt: der Zorn, der sich noch bis in die letzte Zeit meiner Erinnerung beigesellte. Eine wirkliche Vorstellung davon, dass sie nicht mehr auf der Welt ist, dass sie in einem Sarg liegt, dass man sie begraben hat, habe ich eigentlich nicht ... Es ist gar kein Weh in mir. Die Welt kam mir heute stiller vor. Ich habe in irgendeinem Augenblick gewusst, dass es überhaupt weder Freuden noch Schmerzen gibt; – nein, es gibt nur Grimassen der Lust und der Trauer; wir lachen und weinen und laden unsere Seele dazu ein. Ich könnte mich nun hinsetzen und sehr tiefe, ernste Bücher lesen, und dränge bald in all ihre Weisheit ein. Oder ich könnte vor alte Bilder treten, die mir früher nichts gesagt, und jetzt ginge mir ihre dunkle Schönheit auf ... Und wenn ich manche lieben Menschen denke, die mir gestorben sind, so krampft sich das Herz nicht wie sonst – der Tod ist etwas Freundliches geworden; er geht unter uns herum und will uns nichts Böses tun.

Schnee, hoher, weißer Schnee auf allen Straßen. Da ist das kleine Gretel zu mir gekommen und hat gefunden, wir müssen endlich einmal eine Schlittenpartie machen. Und da waren wir nun auf dem Land und sind auf glatten, hellen Wegen mit Schellengeklingel hingesaust, den blassgrauen Himmel über uns, rasch, rasch dahin, zwischen weißen, glänzenden Hügeln. Und Gretel lehnte

31

mir an der Schulter; sah mit vergnügten Augen auf die lange Straße vor uns. Wir kamen in ein Wirtshaus, das wir gut vom Sommer her kannten, aus der Zeit, da es mitten im Grünen lag, und das nun so verändert aussah, so einsam, so ohne Zusammenhang mit der übrigen Welt, als müsste man's erst von Neuem entdecken. Und der geheizte Ofen in der Wirtsstube glühte, dass wir den Tisch weit weg rücken mussten; weil die linke Wange und das Ohr der kleinen Gretel ganz rot geworden waren. Da musst' ich ihr die blassere Wange küssen. Dann die Rückfahrt, schon im halben Dunkel. Wie sich Gretel ganz nahe an mich schmiegte und meine beiden Hände in die ihren nahm. – Dann sagte sie: »Heut hab ich dich endlich wieder.« Sie hatte so ohne alles Grübeln das rechte Wort gefunden, was mich ganz froh machte. Vielleicht auch hat die herbe Schneeluft auf dem Lande meine Sinne wieder freier gemacht, denn freier und leichter fühle ich mich, als alle die letzten Tage. –

Neulich wieder einmal, während ich nachmittags auf dem Divan im Halbschlummer lag, beschlich mich ein sonderbarer Gedanke. Ich kam mir kalt und hart vor. Wie einer, der ohne Tränen, ja ohne jede Fähigkeit des Fühlens an einem Grabe steht, in das man ein geliebtes Wesen gesenkt hat. Wie einer, der so hart geworden ist, dass ihn nicht einmal die Schauer eines jungen Todes versöhnen ... Ja, unversöhnlich, das war es ...

Vorbei, ganz vorbei. Das Leben, das Vergnügen und das bisschen Liebe jagt all das dumme Zeug davon. Ich bin wieder mehr unter Menschen. Ich habe sie gern, sie sind harmlos, sie plaudern von allen möglichen heiteren Dingen. Und Gretel ist ein liebes, zärtliches Geschöpf, und am schönsten ist sie, wenn sie so bei mir in der Fensternische steht, nachmittags, und auf ihrem blonden Kopf die Sonnenstrahlen glitzern.

Etwas Seltsames ist heute geschehen ... Es ist der Tag, an welchem sie mir allmonatlich die Blumen schickte ... Und die Blumen sind wieder gekommen, als ... als hätte sich nichts verändert. – Sie kamen frühmorgens mit der Post in einem weißen, langen, schmalen Karton. Es war noch ganz früh; noch lag mir der Schlaf über Stirn und Augen. Und erst wie ich daran war, den Karton zu öffnen, kam mir die volle Besinnung ... Da bin ich beinahe erschrocken ... Und da lagen, zierlich durch einen Goldfaden zusammengehalten, Nelken und Veilchen ... Wie in einem Sarge lagen sie da. Und wie ich die Blumen in die Hand nahm, ging mir ein Schauer durchs Herz. – Ich weiß, wieso sie auch heute noch gekommen sind. Wie sie ihre Krankheit nahen, wie sie vielleicht schon eine Ahnung des nahen Todes fühlte, hat sie noch den gewohnten Auftrag in der Blumenhandlung gegeben. Ich sollte ihre Zärtlichkeit nicht vermissen. – Gewiss, so ist die Sendung zu erklären; als etwas völlig Natürliches, als etwas Rührendes vielleicht ... Und doch, wie ich sie in der Hand hielt, diese Blumen, und wie sie zu zittern und sich zu neigen schienen, da musst' ich sie wider alle Vernunft und allen Willen als etwas Gespenstisches empfinden, als kämen sie von ihr, als wär' es ihr Gruß ... als wollte sie noch immer, auch jetzt noch, als Tote, von ihrer Liebe, von ihrer – verspäteten Treue erzählen. – Ach, wir verstehen den Tod nicht, nie verstehen wir ihn; und jedes Wesen ist in Wahrheit erst dann tot, wenn auch alle die gestorben sind, die es gekannt haben ... Ich habe die Blumen heute auch anders in die Hand genommen als sonst, zarter, als könnte man ihnen ein Leids antun, wenn man sie zu hart anfasste ... als könnten ihre stillen Seelen leise zu wimmern anfangen. Und wie sie jetzt vor mir auf dem Schreibtisch stehn, in einem schlanken, mattgrünen Glas, da ist mir, als neigten sich die Blüten zu traurigem Dank. Das ganze Weh einer nutzlosen Sehnsucht duftet mir aus ihnen entgegen, und ich glaube, dass sie mir etwas erzählen könnten, wenn wir die Sprache alles Lebendigen und nicht nur die – alles Redenden verständen.

Ich will mich nicht beirren lassen. Es sind Blumen, weiter nichts. Es sind Grüße aus dem Jenseits ... Es ist kein Rufen, nein, kein Rufen aus dem Grabe. – Blumen sind es, und irgendeine Verkäuferin in einem Blumengeschäft hat sie ganz mechanisch zusammengebunden, ein bisschen Watte drum getan, in die weiße Schachtel gelegt und dann auf die Post gegeben. – Und nun sind sie eben da, warum denk' ich drüber nach? –

Ich bin viel im Freien, mache weite, einsame Spaziergänge. Wenn ich unter Menschen bin, fühle ich keinen rechten Zusammenhang mit ihnen; die Fäden alle reißen ab. Das merk' ich auch, wenn das liebe, blonde Mädel in meinem Zimmer sitzt und mir da alles Mögliche vorplaudert von ... ja, ich weiß gar nicht wovon. Denn wie sie wieder fort ist, da ist sie gleich, im ersten Augenblicke schon, so fern, als wäre sie weit weg, als nähme die Flut der Menschen sie gleich auf immer mit, als wäre sie spurlos verschwunden. Wenn sie nicht wiederkäme, konnte ich mich kaum wundern.

Die Blumen stehen in dem schlanken, grün schimmernden Glas, ihre Stängel ragen ins Wasser, und das Zimmer duftet davon. – Sie duften noch immer, – obwohl sie schon eine Woche in meinem Zimmer sind und langsam zu welken beginnen. – Und ich begreife allen möglichen Unsinn, den ich belacht habe, ich begreife das Zwiesprachpflegen mit Gegenständen der Natur ... ich begreife, dass man auf Antwort warten kann, wenn man mit Wolken und Quellen spricht; denn auch ich starre ja diese Blumen an und warte, dass sie anfangen zu reden ... Ach nein, ich weiß ja, dass sie immer reden ... auch jetzt ... dass sie immerfort reden und klagen, und dass ich nahe daran bin, sie zu verstehen.

Wie froh bin ich, dass nun der starre Winter zu Ende geht. Schon schwimmt ein Ahnen des nahen Frühlings in der Luft. Die Zeit geht ganz eigen hin. Ich lebe nicht anders als sonst, und doch ist mir manchmal, als wären die Umrisse meines Daseins weniger fest gezeichnet. Schon das Gestern verschwimmt, und alles, was ein paar Tage zurückliegt, bekommt den Charakter eines unklaren Traumes. Immer von Neuem, wenn Gretel mich verlässt, und insbesondere wenn ich sie mehrere Tage nicht sehe, da ist mir, als wäre das eine Geschichte, die längst, längst vorbei ist. Sie kommt immer von so weit, so weit! – Wenn sie dann zu plaudern anfängt, ist's freilich bald wieder beim Alten, und ich habe ein deutliches Empfinden der Gegenwart und des Daseins. Und fast sind die Worte dann zu laut und die Farben zu grell; und wie das liebe Kind, kaum dass sie mich verlässt, in eine unsägliche Ferne entrückt ist, so jäh und glühend ist ihre Nähe. Sonst blieb mir doch noch ein Nachklang und ein Nachbild zurück von tönenden und lichten Augenblicken; jetzt aber verhallt und verlischt alles, plötzlich, wie in einer dumpfen Grotte. – Und dann bin ich allein mit meinen Blumen. Sie sind schon welk, ganz welk. Sie haben keinen Duft mehr. – Gretel hatte sie bisher nicht beachtet; heute das erste Mal weilte ihr Blick lange auf ihnen, und mir war, als wollte sie mich fragen. Und plötzlich schien sie eine geheime Scheu davon abzuhalten; – sie sprach überhaupt kein Wort mehr, nahm bald Abschied von mir und ging.

Sie blättern langsam ab. Ich rühre sie nie an; auch würden sie zwischen den Fingern zu Staub werden. Es tut mir unsäglich weh, dass sie welk sind. Warum ich nicht die Kraft habe, dem blöden Spuk ein Ende zu machen, weiß ich nicht. Sie machen mich krank, diese toten Blumen. Ich kann es zuweilen nicht aushalten, ich stürze davon. Und mitten auf der Straße packt es mich dann, und ich muss zurück, muss nach ihnen sehen. Und da find' ich sie dann in demselben grünen Glas, wie ich sie verlassen, müd' und traurig. Gestern Abend hab' ich vor ihnen geweint, wie man auf einem Grabe weint, und habe gar nicht an die gedacht, von der sie eigentlich kommen. – Vielleicht irre ich mich! aber mir ist, als fühlte auch Gretel die Anwesenheit von irgend etwas Seltsamem in meinem Zimmer. Sie lacht nicht mehr, wenn sie bei mir ist. Sie spricht nicht so laut, nicht mit dieser frischen, lebhaften Stimme, die ich gewohnt war. Ich empfange sie freilich nicht mehr wie früher. Auch quält mich eine stete Angst, dass sie mich doch einmal fragen könnte; und ich weiß, dass mir jede Frage unerträglich wäre.

Oft nimmt sie ihre Handarbeit mit zu mir, und wenn ich noch über den Büchern bin, sitzt sie still am Tisch, häkelt oder stickt, wartet geduldig, bis ich die Bücher weglege und aufstehe und zu ihr trete, ihr die Arbeit aus der Hand zu nehmen. Dann entferne ich den grünen Schirm von der Lampe, bei der sie gesessen, und durchs ganze Zimmer fließt das freundliche, milde Licht. Ich habe es nicht gern, wenn die Ecken im Dunkeln sind.

Frühling! – Weit offen steht mein Fenster.

Am späten Abend hab' ich mit Gretel auf
die dunkle Straße hinausgeschaut. Die Luft
um uns war weich und warm. Und wie ich
zur Straßenecke hinsah, wo die Laterne ist,
die ein schwaches Licht verbreitet, stand
plötzlich ein Schatten dort. Ich sah ihn und
sah ihn nicht ... Ich weiß, dass ich ihn sah
... Ich schloss die Augen. Und durch die ge-
schlossenen Lider konnte ich plötzlich sehen, und da stand das elende Geschöpf, im
schwachen Licht der Laterne, und ich sah
das Gesicht unheimlich deutlich, als wenn
es von einer gelben Sonne beleuchtet würde, und sah in dem verhärmten, blassen
Gesicht die großen, verwunderten Augen ...
Da ging ich langsam vom Fenster weg und
setzte mich zum Schreibtisch; auf dem fla-
ckerte das Kerzenlicht im Windhauch, der
von draußen kam. Und ich blieb regungslos
sitzen; denn ich wusste, dass das arme Geschöpf an der Straßenecke stand und wartete; und wenn ich gewagt hätte, die toten
Blumen anzufassen, so hätt' ich sie aus dem

Glas genommen und sie ihr gebracht ... So dacht' ich, dacht' es ganz fest, und wusste zugleich, dass es unsinnig war. Gretel verließ nun auch das Fenster und blieb einen Augenblick hinter meinem Sessel stehen und berührte mit ihren Lippen mein Haar. Dann ging sie, ließ mich allein ...

Ich starrte die Blumen an. Es sind gar keine mehr, es sind fast nur mehr nackte Stengel, dürr und erbärmlich ... Sie machen mich krank und rasend. – Und es muss wohl zu begreifen sein; sonst hätte Gretel mich doch einmal gefragt; aber sie fühlt es ja auch – sie flieht zuweilen, als wenn Gespenster in meinem Zimmer wären. –

Gespenster! – Sie sind, sie sind! – Tote Dinge spielen das Leben. Und wenn welkende Blumen nach Moder riechen, so ist es nur Erinnerung an die Zeit, wo sie blühten und dufteten. Und Gestorbene kommen wieder, so lang wir sie nicht vergessen. – Was hilft's, dass sie nicht mehr sprechen kann; – ich kann sie ja noch hören! Sie erscheint

nicht mehr, aber ich kann sie noch sehen!
– – Und der Frühling draußen, und die Sonne, die hell über meinen Teppich fließt, und
der Hauch von frischem Flieder, der vom
nahen Parke hereinkommt, und die Menschen, die unten vorbeigehen, und die mich
nichts kümmern, gerade das ist das Lebendige? Ich kann die Vorhänge herablassen,
und die Sonne ist tot. Ich will von all diesen
Menschen nichts mehr wissen, und sie sind
tot. Ich schließe das Fenster, kein Fliederduft
mehr weht um mich, und der Frühling ist
tot. Ich bin mächtiger als die Sonne und die
Menschen und der Frühling. Aber mächtiger
als ich ist die Erinnerung, die kommt, wann
sie will, und vor der es kein Fliehen gibt. Und
diese dürren Stängel im Glas sind mächtiger
als aller Fliederduft und Frühling.

Über diesen Blättern bin ich gesessen, als
Gretel hereintrat. Noch nie war sie so früh
am Tag gekommen; selten vor Eintritt der
Dämmerung. Ich war erstaunt, fast betrof-
fen. Ein paar Sekunden blieb sie in der Türe

stehen; und ich schaute sie an, ohne sie zu begrüßen. Da lächelte sie und trat näher. Sie trug einen Strauß frischer Blumen in der Hand. Dann ist sie, ohne ein Wort zu reden, bis zu meinem Schreibtisch gekommen und hat die Blumen vor mich hingelegt. Und in der nächsten Sekunde greift sie nach den verwelkten im grünen Glas. Mir war, als griffe man mir ins Herz; – aber ich konnte nichts sagen ... Und wie ich aufstehen will, das Mädel beim Arm packen, schaut sie mich lachend an. Und hält den Arm mit den welken Blumen hoch, eilt hinter dem Schreibtisch zum Fenster, und wirft sie einfach hinunter auf die Straße. Mir ist, als müsst' ich ihnen nach; aber da steht das Mädel, an die Brüstung gelehnt, das Gesicht mir zugewandt. Und über ihren blonden Kopf fließt die Sonne, die warme, die lebendige ... Und reicher Fliederduft kommt von drüben. Und ich sehe auf das leere grüne Glas, das auf dem Schreibtisch steht; ich weiß nicht, wie mir ist; freier glaub' ich, – viel freier als früher.

Da kommt Gretel herzu, nimmt ihren kleinen Strauß und hält ihn mir vor's Gesicht; kühlen, weißen Flieder ... Ein so gesunder frischer Duft; – so weich, so kühl; ich wollte mein Gesicht ganz darin vergraben. – Lachende, weiße, küssende Blumen. – Und ich fühlte, dass der Spuk vorbei war. – Gretel stand hinter mir und fuhr mir mit ihren wilden Händen ins Haar. Du lieber Narr, sagte sie. – Wusste sie, was sie getan? ... Ich nahm ihre Hände und küsste sie. – – Und abends sind wir ins Freie hinaus, in den Frühling. Eben bin ich mit ihr zurückgekommen. Die Kerze habe ich angezündet; wir sind viel gegangen, und Gretel ist so müde geworden, dass sie auf dem Lehnstuhle neben dem Ofen eingeschlummert ist. Sie ist sehr schön, wie sie da im Schlummer lächelt.

Vor mir im schlanken grünen Glas steht der Flieder. – Unten auf der Straße – nein, nein, sie liegen längst nicht mehr da unten. Schon hat sie der Wind mit dem andern Staub verweht.

Der neue Geist des Osterfests

König der Könige

König der Könige, was taten sie dir?
Sie drückten dir die Krone aus Dornen
auf dein Haupt,
sie warfen dich zum Lohne der Liebe
in den Staub.
Sie schlugen mit den Fäusten dein
edles Angesicht,
sie spotteten und höhnten, du wehrtest
ihnen nicht.
Gegeißelt, festgebunden, gebückt unter
dem Kreuz,
den Leib voll tiefer Wunden, genagelt an
das Holz!
Du heil'ger Sohn des Vaters verblutest
unerkannt,
doch bricht in deinem Tode das neue
Leben an.
König der Könige, das tatest du uns!

Der Ostergruß

WERNER BERGENGRUEN

Am Ostersonntag trat Kaiser Nikolai Pawlowitsch aus seinem Kabinett. Die Schildwache auf dem Korridor präsentierte. An diesem Tag hatten die Gardesappeure die Wache an den kaiserlichen Wohngemächern. Nikolai hatte für die technischen Truppenteile eine Vorliebe; das bishin wenig geachtete Geniekorps ist von ihm gefördert und zu Ansehen gebracht worden.

Jetzt sah er wohlgefällig der exakt aufgeführten Ehrenbezeichnung zu und ließ dann rühren. Darauf trat er heran, um mit dem Soldaten den Osterkuss zu tauschen.

Also sprach er den altkirchlichen Ostergruß: »Christus ist auferstanden!«, und erwartete nun den Gegengruß zu hören: »Er ist in Wahrheit auferstanden.« Der Posten schwieg. Nikolai, der an seinen Soldaten nichts höher schätzte als ein unbefangenes, in Gegenwart auch der höchsten Vorgesetzten uneinschüchterbares Wesen, empfand eine Regung des Unmuts. Doch wollte er dem Manne Zeit lassen, sich zu sammeln. Daher wiederholte er langsam, aber vielleicht schon etwas weniger herzlich: »Christus ist auferstanden«, wobei ihm bewusst wurde, dass, wäre er gezwungen den Gruß zum dritten Male zu sprechen, dieser einen Unterton von Strenge, ja vielleicht von Drohung haben könnte.

Zum dritten Gruße aber kam es nicht mehr. Der Soldat antwortete: »In keiner Weise, Eure Majestät.« Dies »In keiner Weise« war die vorgeschriebene Verneinungsformel. Es entsprach dem an Stelle des zivilen Ja gebrauchten Jawohl der preußischen Armee. Nikolais Gesicht flammte auf. Der Soldat hielt seinen Blick aus, doch schien es dem Kaiser, der ja geübt war, die Wirkung seiner Person auf die vom ihm Abhängigen zu beobachten, als sei der Sappeur mit dem Aufrechterhalten dieser Festigkeit schon bis hart an die Grenzen dessen gelangt, was seine Natur ihm gestattete, und als werde er bald von seiner Kraft verlassen werden wie ein angestochener Schlauch von der Luft.

Des Tages eingedenk, bezwang Nikolai seinen Zorn. Auch wurde ja dieser Zorn von anderen Empfindungen bestritten: von Staunen, von Betroffenheit und sogar von Neugier. Was hier geschehen war, schien fast ungeheuerlich. So sehr lag es außerhalb aller Denkbarkeiten, dass eigentlich kein Grad des Zornes ihm angemessen war. In welche Lage hat sich der Mann gebracht? Vielleicht ist der arme Kerl derart verwirrt, dass er nicht weiß, was er sagt.

Er fragte also und mühte sich dabei, seine Stimme von allem Ausdruck freizuhalten: »Was soll das heißen?«

»Ich bin ein Jude, Eure Majestät«, antwortete der Soldat und begann zu zittern.

Damals, als es noch keine allgemeine Wehrpflicht gab, waren Juden in der Armee überaus selten. Und um so weniger hatte Nikolai auf die Vermutung kommen können, er habe es mit einem Juden zu tun, als der erste Satz, den der Soldat gesprochen hatte, im Russischen kein »R« enthält; an der Aussprache des »R« aber ließ sich fast immer der Jude erkennen.

»Dann bist du im Recht«, sagte der Kaiser. »Aber schnupfst du wenigstens?«

»Jawohl, Eure Majestät.«

Der Kaiser kehrte um und ging wieder in sein Zimmer. Nach einigen Minuten kehrte er zurück. Der Posten präsentierte. Nikolai hielt in der Hand eine Dose von der Art, wie er sie zu Geschenken an Leute geringen Ranges verwendete. Diese Dosen waren recht hübsch, nicht gerade billig, aber auch nicht gerade mit Brillanten besetzt; immerhin trugen sie den kaiserlichen Namenszug.

Nikolai drückte auf den Knopf, der Deckel sprang auf. »Siehst du«, sagte er, »so ist nach unserem Glauben der Stein vom Grabe gesprungen. Was?« Er streckte ihm die Dose hin. Oben auf dem dunklen Tabak lag ein Goldstück.

»Um Vergebung, Eure Majestät«, antwortete der Soldat. »Mir scheint aber, der Heiland ist darin geblieben.«

Nikolai lachte; der Jude lachte mit. »Da, nimm! Oder ist es dir am Ende auch verboten, ein Ostergeschenk anzunehmen?«

»In keiner Weise, Eure Majestät.«

»Du wirst noch sehen, der Heiland bleibt nicht im Grabe. Na, leb wohl. Taufen lassen wirst du dich nicht wollen, sonst würde ich mich dir zum Paten anbieten. Aber wenn du sonst einmal etwas brauchst, wende dich an mich. Dich soll keiner auf den Fuß treten dürfen. Halt, noch eins. Am Ende hast du einmal einen Sohn, und der denkt anders. Vielleicht lässt er sich taufen. Dann soll er zu meinem Sohn kommen und ihm die Dose zeigen.«

Am Feiertag

MARIE LUISE KASCHNITZ

Als die Osterglocken läuteten
Mit den Tönen h e g fis
War ich siebzig Jahre und siebzig Tage alt
Ich hatte erfahren
Dass siebzig Jahre ein Loch sind
In das einer fällt
und sich rettet an schlüpfrigen Wänden

An Ostern war ich soweit
Dass ich hoch oben
Die kleine Sternmagnolie sehen konnte
Und wie der Wind ihr die Blüten zerriss

Im Fernsehen wurde der Attentäter gezeigt
Der Gärtner. Sein rundes törichtes Gesicht
Und sein feststehendes Messer
In Hottes Wolfsschanze
Einer Kneipe in Berlin

Legen sie wieder die alten Platten auf
Vor allem diese: Preußens Gloria

In San Giovanni im Lateran
Sah ich die Kerzen alle zurückgekehrt
Die schwarzen Banner der Trauer rot
überhangen
Die hölzernen Ratschen
Gaben ihr unterweltliches Knarren auf
Auch die Ungläubigen atmeten freier

Als die Osterglocken läuteten
Hatten auf der Straße
Schon ein paar hundert Autofahrer
Ihren Geist aufgegeben
Das große Schlachten

Wie wenn am Feiertag
Hatte begonnen
Heuer wurden zur Osterzeit
In einigen Städten
Mondsteine herumgereicht
Authentisches aus dem Astronautengepäck

Nichts Besonderes
Einfach Geröll

Le fond de l'air est froid
Sagte meine Mutter
Die noch französisch erzogen worden war
Le fond de l'air ...

Diese ärmlichen Vorfrühlingsfreuden
Weidenschleier
Und Eidottergelbes
Dahinter die hässlichen Häuser
Und Auferstehung
Das Wort
Auferstehung

Der Gärtner

ECKART ZUR NIEDEN

*B*ei der Beerdigung vor drei Tagen war das Wetter schöner gewesen. Warm und trocken bei strahlend blauem Himmel. Als Karla hinter dem Sarg hergegangen war, hatte sich das unklare Gefühl in ihr geregt, dass das Wetter unpassend sei. Wenn sie trauerte, durfte niemand lachen, auch nicht die Sonne.

Jetzt war es kühler. Es regnete nicht, aber die Luft war feucht. Einzelne Nebelschwaden, die langsam durchs Tal krochen, streiften manchmal auch den Friedhof am Berghang. Es schien, als wäre der erste Angriff des Frühlings auf den Winter zunächst zurückgeschlagen worden. Aber der Jüngere sammelte erneut seine Kräfte und würde am Ende doch Sieger bleiben.

Ottos Grab hatte natürlich noch keinen

Stein, aber die Kränze waren entfernt. Zwölf oder fünfzehn Schritte vom Grab, auf der anderen Seite des Kiesweges, stand eine Bank. Karla setzte sich darauf. Katharina, ihre Tochter, setzte sich neben sie. Was sollte sie auch sonst tun? Ein dreizehnjähriges Mädchen kann am Grab seines Vaters nur tun, was seine Mutter tut.

Aber als Karla minutenlang still saß, in ihrer Trauer gefangen wie in einem Kerker, und mit ihren Gedanken und Gefühlen immer wieder nur an Mauern stieß, da konnte das Kind sie nicht begleiten. Jedenfalls nicht so lange.

»Ich ... Mama ...«, sagte sie und wartete auf eine Reaktion ihrer Mutter. Als die nicht kam, fuhr sie fort: »Ich gehe ein bisschen rum, ja?«

Karla blickte ihre Tochter an. Sie hatte die Frage nicht richtig gehört, aber sie wollte nicht nachfragen und nickte darum nur.

Katharina stand auf und schlenderte langsam zwischen den Gräbern umher. Sie las die Sprüche auf den Grabsteinen und die Namen. Die meisten der Namen kannte sie, aber nicht die Personen.

In der Nähe des Eingangs bückte sich ein Mann über ein älteres Grab und zupfte Unkraut heraus. Als Katharina vorbeikam, richtete er sich auf und lächelte.

»Guten Tag, Katharina!«

Sie wunderte sich. Der Mann kennt mich? Wer ist das? Sein Gesicht kam ihr zwar ein wenig bekannt vor, aber sie wusste nicht, woher.

»Guten Tag.«

»Du weißt wohl nicht, wer ich bin?«

Sie schüttelte den Kopf.

»Onkel Roland bin ich. Dein Onkel Roland!«

Katharina antwortete nicht, aber der Zweifel stand ihr so deutlich ins Gesicht geschrieben, dass auch keine Worte nötig waren.

»Ich sehe, du weißt nichts von mir. Papa und Mama haben dir nichts von mir erzählt. Es wäre ihnen wohl lieber gewesen, wenn es mich gar nicht gegeben hätte. Besonders deiner Mama. Aber wenn man jemanden verschweigt, verschwindet er dadurch nicht einfach. Ich bin der jüngere Bruder deines Vaters.«

»Ach ...?«

»Haben deine Eltern denn nie von mir gesprochen?«

»Äh – von Roland war schon mal die Rede.«

»Na, siehst du!«

»Aber ... Ach, jetzt weiß ich, wo ich Sie gesehen habe. Bei der Beerdigung!«

Vor ihrem inneren Auge lief die merkwürdige Szene ab: Ihre Mutter ging auf einen Fremden im schwarzen Anzug zu und redete leise, aber heftig auf ihn ein. Daraufhin drehte der sich um und ging davon. Als Katharinas Mutter wieder zurückkam, blitzten ihre Augen noch voller Zorn. Katharina hatte sich dabei gewundert, denn das schien ihr nicht so richtig zu einer Beerdigung zu passen.

»Leider ...«, sagte der Onkel, »leider wollte deine Mutter nicht, dass ich an der Feier teilnahm. Aber sag' doch nicht ‚Sie' zu mir!

Ich bin dein richtiger Onkel, auch wenn du mich bisher noch nicht kanntest.«

Das Mädchen nickte nur.

»Weil ich also nicht bei der Trauerfeier dabei sein durfte, dachte ich, ich gehe heute mal zum Grab meines Bruders und halte meine private Trauerfeier. Aber ich sah euch beide da sitzen. Da habe ich beschlossen, noch etwas zu warten, bis ihr wieder geht. Es ist ja nicht unbedingt nötig, dass wir noch einmal aneinandergeraten.«

»Aber wenn Sie ... wenn du der Bruder von Papa bist, warum ... hattet ihr Zoff?«

»Das ist eine längere Geschichte. Wenn du willst, erzähle ich sie dir. Aber du kannst natürlich auch deine Mutter bitten, sie dir zu erzählen. Vielleicht ... nun, du bist alt genug, zu verstehen, dass es gut ist, man bekommt eine Sache von zwei Seiten geschildert. Die Berichte unterscheiden sich manchmal. Da kann man sich dann selbst ein Urteil bilden.«

Katharina nickte. Welche von Rolands Bemerkungen sie damit bestätigen wollte, wusste sie wohl selbst nicht genau. Der Onkel nahm es als Aufforderung zu erzählen.

»Dein Vater hatte die Werkstatt unseres Vaters geerbt und sie mit Geschick zu einer kleinen Produktionsanlage ausgebaut. Ich hatte nichts mit der Metallverarbeitung im Sinn, interessierte mich mehr für die Natur. Ich machte eine Lehre als Gärtner. Gern hätte ich mich selbstständig gemacht mit einer kleinen Gärtnerei. Aber die Bank wollte mir keinen Kredit geben, es sei denn, ich fände einen Bürgen. Das ist jemand, der sich verpflichtet einzuspringen, wenn einer seinen Kredit nicht zurückzahlen kann. Dein Vater hat mir von sich aus angeboten, für mich zu bürgen. Sein Betrieb lief damals gut. Ich konnte also anfangen. Aber ... es ging schief, weil ... na, die Einzelheiten erspare ich dir. Ich war bankrott, und Otto musste zahlen. Das traf unglücklicherweise mit einer Absatzkrise in seinem Betrieb zusammen, so dass der auch kaputtging.«

»Dass Papa einen Betrieb hatte, der pleitegegangen ist, wusste ich. Da war ich noch winzig. Nur wie es dazu kam ...«

»Nun weißt du es.«

»Und seitdem fetzt ihr euch, du und wir?«

»Nun, dein Papa hat mir keine Vorwürfe gemacht. Oder sagen wir: wenige. Deine Mama dafür umso mehr.«

»Und darum wollte sie nicht, dass du zur Beerdigung kommst?«

»Sie meint wohl – jedenfalls hat sie das gesagt –, ich sei an Ottos Tod mit schuld.«

»Aber er ist an Krebs gestorben.«

»Ja ...«, sagte Roland nur und breitete die Hände aus, als habe er auch keine Ahnung, wie das zu erklären sei.

Katharina meinte: »Ich frage Mama danach.«

»Besser nicht hier am Grab«, riet ihr Onkel. »Frag sie später mal! Sag ihr auch nicht, dass wir miteinander gesprochen haben. Das ärgert sie nur. Wir sollten ihr jetzt Zeit lassen zu trauern.«

Das verstand Katharina nicht. Jemandem

Zeit lassen zu trauern? War es denn nicht besser, die Trauer so bald wie möglich zu beenden? Aber sie sagte nichts, nickte nur und ging wieder zu ihrer Mutter zurück.

»Wo warst du denn so lange?«, fragte die, als Katharina sich wieder neben sie gesetzt hatte.

»Och – ich hab mich unterhalten.«

»Mit wem?«

»Einem Mann.«

»Du sollst dich doch nicht mit fremden Männern unterhalten, wenn du allein bist!«

»Es war ja kein fremder Mann.«

»Kein Fremder? Wer war's denn?«

Katharina zögerte ein wenig, aber dann sagte sie: »Onkel Roland.«

Karla schreckte auf, setzte sich gerade hin und blickte ihre Tochter überrascht an, sagte aber nichts.

»Mama, sag mal ehrlich: Stimmt das, dass er an Papas Tod schuld ist? Er sagt, du hättest das behauptet. Aber er ist doch an Krebs gestorben.«

Karla ließ sich Zeit mit der Antwort.

»Es stimmt, dass er am Krebs gestorben ist. Aber ... weißt du, dein Onkel ist schuld an dem Zusammenbruch unsrer Firma, weil dein Papa ihm ...«

»Ich weiß, das hat er mir erzählt. Aber wenn Papa die Firma nicht mehr hatte – gut, wir hatten sicher nicht mehr so viel Geld wie vorher, aber daran stirbt man doch nicht!«

»In gewisser Weise doch. Nämlich ... Sieh mal, dein Papa war so ganz in seiner Firma aufgegangen. Sie war sozusagen sein ganzer Lebensinhalt. Als er sie nicht mehr hatte, war das sehr deprimierend für ihn. Er meinte auch, er müsse sich für den Bankrott schämen, was natürlich Unsinn ist, aber das konnte ich ihm nicht klarmachen. Er hat, besonders als er dann krank wurde, seinen Lebensmut verloren. Versteh mich recht: Nicht, dass er sich das Leben selbst genommen hätte vor Verzweiflung! Aber ... der Arzt hat es so gesagt: Wenn er kämpfen würde gegen seine Krankheit, wenn er sich nicht selbst aufgäbe und wirklich leben wollte, dann hätte er eine viel größere Chance, sie zu besiegen. Aber er sah kein Ziel mehr … Ach, Kind, ich wollte dir das alles eigentlich nicht erzählen. Aber wieder mal hat Roland sich eingemischt …«

»Ach Mama! Ich bin doch kein Baby mehr! Ich finde es echt nicht richtig, dass ihr mir das alles verschwiegen habt! Ich hatte keinen blassen Schimmer, dass ich einen Onkel habe und dass der uns … ich finde das nicht okay!«

Karla kommentierte das weder durch Worte noch durch Gesten. Sie nahm nur wieder ihre vorherige Haltung ein: die Ellenbogen auf den Oberschenkeln abgestützt und das Gesicht in den Händen.

Nach einer Weile fragte sie zu ihren Füßen hinunter: »Was macht er denn da?«

»Der Onkel Roland? Er wollte zu Papas Grab. Aber weil er nicht mit dir zusammenrasseln wollte, hat er noch gewartet, bis wir verschwinden.«

»Wie kamst du überhaupt mit ihm ins Gespräch? Du kanntest ihn doch gar nicht. Hat er dich angesprochen?«

»Ja. Er hat da so Unkraut ... wahrscheinlich nur zum Zeitvertreib. Ich dachte, er wäre der ... wie heißt das? Der Mann, der hier alles ...«

»Der Friedhofsgärtner.«

»Ja. Aber er hatte keine Arbeitsklamotten an.«

»Du dachtest, er wäre der Gärtner ...!«

Karla richtete sich plötzlich auf, als habe sie etwas erschreckt. Sie blickte in den grau verhangenen Himmel hinauf, aber Katharina merkte, dass ihr inneres Auge etwas anderes zu sehen schien, etwas wie eine Vision.

»Was ist, Mama?« Sie spürte die plötzliche Veränderung in ihrer Mutter, und die war ihr unheimlich. Sie rückte näher, um sich an sie zu schmiegen.

Aber Karla sprang auf und ging, von einer inneren Bewegung getrieben, vor der Bank hin und her. Dann blieb sie stehen und strich sich mit der Hand langsam übers Ge-

66

sicht, wie wenn man nach dem Aufwachen den Schlaf vertreiben will.

»Mama! Sag doch – was ist?«

Die Mutter setzte sich wieder und legte ihrer Tochter den Arm um die Schulter. »Ach ... nichts, Katharina.«

»Mama! Ich hab eben schon gesagt, ich bin kein Baby mehr! Warum willst du mir nicht sagen, was du denkst?«

Nach einer Weile des Schweigens sagte Karla: »Du hast wohl recht«, und drückte ihre Tochter fester an sich. »Als du eben sagtest, du dachtest, es wäre der Gärtner, da hat mich das an etwas erinnert.«

Sie nahm den Arm zurück und öffnete den Reißverschluss ihrer Jacke, als wenn es ihr plötzlich zu heiß geworden wäre. Langsam, vor jedem Satz überlegend, erzählte sie: »Wir waren damals im Jugendkreis unsrer Kirche. Alle drei – dein Papa, sein Bruder und ich. Oft haben wir kleine Theaterstücke in der Kirche aufgeführt. Einmal haben wir die Ostergeschichte aus der Bibel nachgespielt. Ich war Maria Magdalena und hatte den Jüngern zu berichten, was ich am Ostermorgen am Grab erlebt hatte. Der Leichnam von Jesus war nicht im Grab. Da kam ein Mann, von dem ich zunächst dachte, er sei der Gärtner. Also – Maria Magdalena dachte das. Aber es war Jesus. Er war vom Tod auferstanden.«

»Und das ist dir jetzt eingefallen?«

»Der Satz: Ich dachte, es sei der Gärtner ... Ich hatte den Satz damals zu sagen. Und ich weiß noch, wie dabei eine große Freude über mich gekommen ist. Jesus lebt! Der Tod hat nicht das letzte Wort!«

Als ihre Mutter eine Weile geschwiegen hatte, in ihre Gedanken versunken, fragte Katharina: »Und du meinst ... also jetzt bist du auch happy, weil doch Papa auch tot ist ...«

»Er lebt, Katharina! Weil Jesus lebt, und er seinen Leuten versprochen hat, dass sie auch leben. Mit ihm.«

Sie sah ihre Tochter an. »Verstehst du, Katharina?«

»Äh, nicht so richtig. Also – schon, sicher.

Aber ich verstehe nicht, warum du auf einmal ... ich meine, du hast doch immer gesagt, wer an Jesus glaubt, kommt in den Himmel und so und lebt da und ...«

»Ja, ich habe es immer gesagt. Aber es gibt Dinge, die weiß man und weiß sie doch nicht. Oder – das Wissen ist im Kopf, aber nicht im Herzen.«

Katharina nickte. »Das verstehe ich.«

Ein Windstoß musste wohl eine kleine Lücke in die Wolkendecke geblasen haben, jedenfalls schien es für kurze Zeit heller zu werden, ohne dass allerdings die Sonne direkt zu sehen war.

»Wartet Roland immer noch da hinten?«

»Wahrscheinlich.«

»Bitte geh und hole ihn! Bitte ihn her!«

Katharina guckte ihre Mutter erstaunt an. Dann zuckte sie mit den Achseln, stand auf, lief fort und kam nach zwei Minuten in Begleitung ihres Onkels zurück.

Der trat vor seine Schwägerin und sagte leise: »Es tut mir so leid, Karla!«

Sie stand auf, trat zögernd ein paar Schritte auf ihn zu, wollte ihm die Hand reichen, überlegte es sich spontan anders und umarmte ihn. »Mir tut es leid, Roland, wie ich dich behandelt habe.«

Sie lösten sich aus der Umarmung und setzten sich auf die Bank, das Kind zwischen sich.

»Ich hatte lange vergessen, was uns früher einmal sehr wichtig war, dir und Otto und mir.«

Als Roland etwas verständnislos guckte, erklärte Katharina: »Aber jetzt hat sie's wieder geschnallt. Dass Jesus wieder lebt. Und Papa irgendwie auch.«

Roland nickte: »Auch ich habe in den letzten Tagen viel darüber nachgedacht, Karla. Soll ich dir sagen, wie ich darauf kam? Otto hat meine Schulden übernommen. Das ist doch ein deutliches Beispiel dafür, was Jesus für uns getan hat. Er bürgt für uns. Er lädt sich unsere Probleme auf, unsere Schuld. Auch wenn es ihn das Leben kostet. Aus Liebe.«

»Ja, Roland. Das ist Karfreitag. Aber es folgt Ostern. Das sollen wir nicht vergessen.«

Ihr Schwager nickte, und für eine Weile hingen alle ihren Gedanken nach.

»Wenn Papa nicht richtig tot ist ...«, unterbrach Katharina schließlich das Schweigen, »wie ... ich meine, ich kann mir das nicht vorstellen.«

»Ich auch nicht«, antwortete ihre Mutter. »Ich weiß es nur, weil das so in der Bibel steht: Es gibt kein Leid und keine Krankheit mehr, auch keinen Krebs, keinen Schmerz und keine Tränen, und keinen Tod.«

»Und keine Schuld«, ergänzte Roland.

»Und keine Unversöhnlichkeit«, fügte Karla hinzu.

»Du weißt ja, Katharina, dass ich Gärtner bin. Nicht mehr selbstständig, aber immer noch in dem Beruf tätig. Neulich, als ich im Gewächshaus gearbeitet habe, kam mir der Gedanke: Gott hat die Menschen auf die Erde gesetzt wie der Gärtner die Blumen ins Glashaus. Da können sie sich die erste Zeit ihres Wachstums ungestört entwickeln. Es ist warm, es gibt keinen Sturm und Hagelschlag, und keine Schnecken fressen die Blätter. Vielleicht würde manche Osterglocke gern für immer da bleiben. Aber das ist nicht die Bestimmung für die Blumen. Das ist nicht das wirkliche Leben, nur die Vorbereitung darauf. So ist unser Leben in diesem Körper auf dieser Erde nur die Vorbereitung auf das, was kommt. Wofür Gott uns gemacht hat.«

Roland stand auf und ging zum Grab seines Bruders hinüber. Eine Minute sahen die beiden auf der Bank nur seinen Rücken. Dann drehte er sich um und fragte: »Wäre es dir recht, Karla, wenn ich das Grab mit Blumen bepflanze? Ich würde dir natürlich erst zeigen, wie ich es mir denke, damit du sagen kannst, ob du es so oder anders haben willst.«

»Ja, gern«, sagte Karla.

»Vielleicht Osterglocken«, schlug Katharina vor.

72

Der Deserteur

MARIE LUISE KASCHNITZ

Am Ostersamstag gegen sechs Uhr nachmittags – jeden Augenblick konnten die Glocken, von denen es heißt, dass sie den Karfreitag in Rom zubringen, zurückkehren – gegen sechs Uhr also hörte die Marian, wie der Deserteur, ihr Mann, ihr Liebster, die Kellertreppe heraufkam. Sie nahm den Schlüssel aus ihrer Schürzentasche und schloss die Kellertür auf, aber als der Mann ins Zimmer treten wollte, legte sie beide Hände auf seine Brust und drängte ihn zurück.

Du kannst nicht heraufkommen, sagte sie, heute nicht, im Augenblick nicht.

Der Mann stand im Dunkeln, seine blauen Augen leuchteten zornig, seine Hände waren mit Blut verschmiert.

Was ist los?, fragte er.

Es sind Leute im Wald, sagte Marian. Sie stehen drüben am Abhang und schauen herüber. Die Kinder haben gepfiffen. Hast du es nicht gehört?

Ich habe es gehört, sagte der Mann. Aber ich halte es nicht aus da unten. Ich muss mir die Hände waschen. Meine Hände sind voll Blut.

Hast du das Lamm geschlachtet?, fragte die Marian.

Ja, sagte der Mann. Er schob sie beiseite, ging zum Spülstein und ließ das Wasser rinnen.

Hat es geschrien, das Lamm?, fragte die Marian.

Nein, sagte der Mann. Es hat nichts gemerkt.

Und die Kinder, fragte die Marian, haben sie auch nichts gemerkt?

Nein, sagte der Mann, er habe die Kinder ins Dorf geschickt, und vorher habe er ihnen Eier gemalt, schöne mit gelben Bergen darauf und blauen breiten Flüssen, eine Landschaft wie bei ihm daheim, was heißen sollte in Amerika, da lag viel Wasser dazwischen, und die Marian hatte das Land nie gesehen. Sie sollte jetzt die Eier bewundern, die lagen in einer Schüssel, mit einem Teller zugedeckt, und der Mann nahm den Teller weg. Aber die Marian schaute gar nicht hin, sondern zum Fenster hinaus.

Gleich, Jim, gleich, sagte sie und horchte auf den Wind, der doch hier alle Tage blies, und manchmal ein Sturm war, als sei die Hölle losgelassen, der aber diesmal ganz sanft daherfuhr, mit lauter noch stummem Glockengeläute im Sack.

Was hast du, Marian?, fragte der Mann.

Es ist nur wegen dem Franz, sagte die Marian. Er ist wieder mitgekommen bis zum Wald. Er hat auf mich eingeredet, dass ich ihn heiraten soll. Und wenn ich's nicht tue, soll ich sagen, warum nicht.

Der Mann schob die Schüssel mit den Eiern ärgerlich zurück.

Warum tust du es nicht, sagte er. Hättest das schönste Leben. Einen Mann, der sich sehen lassen kann. Keinen Strolch, keinen Waldläufer, der geht und kommt in der Nacht.

Red doch nicht so, sagte die Marian. Hilf mir die Wolle spannen. Keine hat es so gut wie ich. Einen Mann ganz für sich allein. Sie stellte den Strickrahmen auf und nahm die Wolle und die Muster aus ihrer Tasche, die Heimarbeit, die sie jede Woche aus der Strickfabrik holte.

Aber du, sagte sie.

Was mit ihm sei, wollte der Mann wissen.

Für ihn, sagte die Marian, während sie anfing, die blauen und roten Fäden zu spannen, sei es immer dasselbe. Dasselbe Stück Himmel, derselbe Waldrand und das Hochmoor zum Luftschöpfen in der Nacht.

Ist alles jeden Tag wieder anders, sagte der Mann unwirsch. Jeden Tag ein Stück weiter auf den Sommer oder den Winter zu. Die Buche hinterm Haus hat schon Knospen.

Aber es sei doch, antwortete die Frau, so etwas wie eine Gefangenschaft. Nie könne er mit einem Mann reden. Er habe keine Stimme in der Gemeinde und erführe nie etwas Neues.

Ich lese die Zeitung, sagte der Mann. Ich höre den Rundfunk. Ich weiß, wohin es treibt. Wenn das Neue kommt, springen die Füchse aus ihren Löchern.

Ich verstehe dich nicht, sagte die Marian und sah ihn ängstlich an. Es wurde jetzt schon dunkel, und vor dem Fenster hörte man die Stimmen der Kinder, denen die Marian beigebracht hatte zu sagen, dass niemand im Hause wohne als sie mit der Mutter, und die sie gelehrt hatte, auf kleinen Pfeifen zu blasen, sobald sich jemand dem einsamen Waldhaus näherte. Es hat jemand, sagte die Marian, die Leute im Dorf drunten misstrauisch gemacht. Sie sagen, es verstecke sich einer im Wald, und er habe dem Ratsschreiber die Hühner und der Frau Hauptlehrer die Wäsche von der Leine gestohlen. Es ist auch gewildert worden, und hinter der Sägemühle haben sie einen Mann erschlagen gefunden.

Das habe ich nicht getan, sagte der Mann zornig.

Natürlich nicht, sagte die Marian. Aber es hat dich jemand nachts im Wald gesehen. Jetzt wollen sie die Polizei aus der Stadt holen, und die Polizei bringt ihre Hunde mit. Ich bitte dich, geh hinunter in den Keller und in den Stollen. Ich schließe die Tür zu.

Steht es so, sagte der Mann und starrte ihr ins Gesicht, dann will ich erst recht nicht hinuntergehen. Ich will mich zu dir setzen und warten, bis die Osternacht kommt. Du weißt, warum.

Warum?, fragte die Marian und stellte den Strickrahmen weg, weil sie nichts mehr sehen konnte als den goldenen Streifen Abendhimmel, der im Fenster lag.

Du bist zerstreut, Marian, sagte der Mann. Hol den Leuchter, steck die Kerzen auf. Es kann nicht sein, dass du dich nicht erinnerst.

Ich erinnere mich, sagte Marian gequält. Es war Ostern. Aber Ostern war später im Jahr. Ja, sagte der Mann. Ein spätes Ostern, ein frühes Frühjahr. Der Flieder voll zarter

Blättchen. Die Kastanien voll bleicher Händchen, ins nasse Blaue gestreckt.

Die Marian hatte den Leuchter auf den Tisch gestellt und setzte sich nun hin und legte die Hände in den Schoß. Sie dachte an das Frühjahr damals und sah die Dorfkinder mit ihren Kreiseln und Peitschen auf der Straße vor dem Rathaus spielen. Sie sah auch die Schafherde mit vielen, kaum geborenen Lämmchen, weißen Flecken im grauen, wogenden Gewölle, das Tal herabziehen. Sie sah Leberblümchen und Lungenkraut und blaue Lachen auf den Feldwegen, rasch aufgesogen von der Sonne, die funkelte und stach.

Auf den Straßen, sagte der Mann, war eine große Unruhe. Wir hatten erst vor Kurzem Quartier bezogen und sollten schon wieder fort. Die Sirenen schrien. Befehle wurden gegeben. Es war ein Gerenne von Haus zu Haus. Ja, dachte die Marian und sah den Mann an, der damals bei ihr im Quartier gelegen hatte, den jungen, fremden Soldaten, dem hatte sie die Socken gewaschen und den Rucksack gepackt. Zum Abschied hatte sie ihm Wein eingeschenkt, und er hatte ihr Brot gegeben, und sie hatten zusammen gegessen und getrunken und sich auf die Lippen gebissen vor Staunen und Schmerz.

Die Glocken haben geläutet, sagte sie. Du bist fort gegangen und hast gewinkt.

Komm wieder, hast du gerufen, sagte der Mann, und hast geweint und gelacht. Und ich bin wirklich wiedergekommen, in der Nacht.

Hier am Fenster, sagte die Marian, haben wir gestanden, während sie drunten abgezogen sind. Wir haben die schweren Motoren der Lastwagen gehört und die Räder der Panzer.

Ich habe, sagte der Mann, versucht, die abgeblendeten Lichter zu erkennen. Ich habe auf die Stimmen meiner Kameraden gehorcht. Aber du hast meinen Kopf an deiner Schulter versteckt.

Die Marian richtete sich auf, weil sie in diesem Augenblick wieder den Ton einer kleinen Trillerpfeife hörte. Es kam ihr auch vor, als hätten weiter unten im Tal fremde Hunde gebellt. Sie stand rasch auf, stellte sich hinter ihren Mann und drückte seinen Kopf gegen ihren Schoß.

Tu es wieder, sagte sie verzweifelt. Versteck deinen Kopf. Mach die Augen zu. Und damit versuchte sie, ihre Hände wie eine Binde über die Augen ihres Mannes zu legen. Aber der Mann griff nach ihren Händen, zog sie herunter und hielt sie fest.

Es geht nicht mehr, Marian, sagte er. Es hat alles seine Zeit, das Verstecken und das Herauskommen. Das Schweigen und das Reden. Was willst du reden, Jim?, fragte die Marian erschreckt.

Ich will, sagte der Mann, aussagen vor Gericht. Ich will sagen, warum ich hier unter der Erde hocke und was ich getan habe alle die Jahre lang.

Sie werden dir nicht glauben, sagte die Marian. Sie werden meinen, dass du ein Sonderling geworden bist. Sie werden sagen, dass einer, der sieben Jahre lang im Berg hockt, den Verstand verlieren muss.

Sie holte die Streichhölzer vom Herd und zündete die Kerzen am Osterleuchter an, und in dem Licht der Kerzen erschien ihr das Gesicht ihres Mannes so unheimlich, dass sie sich fragte, ob er nicht wirklich den Verstand verloren habe. Aber in diesem Augenblick fing der Mann ganz lustig zu lachen an. Er stand auf und rückte den Tisch zurecht und forderte sie auf, sich hinter den Tisch zu setzen.

Ich werde, sagte er, mit Verstand antworten, mit Vernunft erzählen und mich mit List verteidigen. Pass auf, ich mach es dir vor. Du bist der Richter.

Das kann ich nicht, sagte die Marian unruhig und zog die Vorhänge zu. Sie hörte jetzt deutlich, dass Leute mit Hunden das enge Tal heraufkamen, und sie dachte an die Kinder, die nicht wagten, ihre Wachtposten zu verlassen, und die gewiss nicht verstanden, warum der Vater nicht in den Keller ging und von dort in das alte Silberbergwerk, wo er sicher war. Dann bin ich selbst der Richter, sagte der Mann. Ich bin der Richter und der Angeklagte und der Büttel. Herein, rufe ich, herein mit dem Angeklagten Jim Croyden. Und jetzt komme ich herein und setze mich auf die Anklagebank.

Lass das, Jim, flehte die Frau. Du hast keine Zeit zu verlieren.

Jetzt, sagte Jim, bin ich der Richter. Siehst du meinen Talar und mein Barett? Ich sitze hoch oben und habe eine Glocke vor mir stehen. Bim, bim macht die Glocke. Ihren Namen, frage ich, und der Angeklagte nennt seinen Namen. Ihren Beruf, frage ich. Der Angeklagte sagt, Schriftsteller, und ich sage, aha. Dann klingle ich noch einmal mit der Glocke, bim, bim. Warum frage ich, warum haben Sie, Angeklagter, sich im letzten Frühjahr unseres glorreichen Krieges von ihrer Truppe entfernt?

Der Mann saß auf dem Tisch, seine Augen hatten einen Ausdruck von Besessenheit, und seine Stimme klang unnatürlich und fremd.

Jetzt sei du das Publikum, flüsterte er und packte Marian grob an der Schulter. Sei das Publikum und rufe pfui!

Aber die Marian entwand sich seinem Griff. Ich will nicht, Jim, sagte sie weinend. Ich will niemand sein. Ich bin deine Frau.

Dann hör wenigstens zu, sagte der Mann böse. Sieh zu. Vielleicht darfst du auch zusehen, wenn sie mich auf den elektrischen Stuhl setzen. Es gibt ein Fensterchen in der Tür.

Jim, sagte Marian empört.

Wir wollen fortfahren, sagte Jim und setzte sich wieder auf dem Tisch zurecht. Antworten Sie gefälligst, sagt der Herr Richter. Warum haben Sie sich von Ihrer Truppe entfernt und sich bei einem Mädchen namens Marian versteckt?

Aus Liebe, sage ich.

Unsinn, sagt der Richter. Aus Feigheit.

Auch, sage ich. Auch aus Feigheit.

Also doch, sagte der Her Richter. Sie wollten nicht sterben.

Der Mann saß auf dem Tisch und bewegte die Arme, und die Marian dachte, dass jetzt gleich die Kinder hereinkommen würden und dann die Leute, die aus der Stadt gekommen waren, die Polizisten in Uniform. Sie dachte auch, dass man wenigstens die Kerzen ausblasen sollte, weil sie sich schon vorstellen konnte, wie der Schatten ihres Mannes auf dem Vorhang tanzte und wie jeder ihn sehen konnte von weit her. Aber sie blies die Kerzen nicht aus und tat überhaupt nichts, hockte nur auf der Küchenbank und starrte ihrem Mann ins Gesicht.

Sie wollten nicht sterben, sagt der Herr Richter, fuhr der Mann fort. Und ich sage, ich wollte nicht töten, und dann sage ich, Herr Richter, ich habe damals einen Traum gehabt.

Was für einen Traum?, fragt der Richter unwillig.

Ich habe, sage ich, im Traum an meinem

Maschinengewehr gestanden und mir gegenüber die ganze feindliche Armee. Alle Soldaten sind nebeneinander auf dem Hügelkamm gestanden, ganz ohne Deckung, lauter schwarze Männchen vor der roten Sonne, und keiner hat sich gerührt.

Hahaha, sagt der Richter. Das könnte Ihnen so passen, Mann.

Nein, sage ich, Herr Richter, das passte mir nicht. Denn nun habe ich geschossen, und alle Soldaten sind umgefallen. Jeder aber, der umgefallen war, ist wieder aufgestanden und durch mich hindurchgegangen, und jeder hat etwas in mir zurückgelassen, sein Stück Leben und sein Stück Tod. Faseln Sie mir nichts vor, sagt der Richter. Sie haben einfach Angst gehabt. Jajaja, sage ich. Ich habe Angst gehabt, wie sie wieder Angst haben werden in einem neuen Krieg. Sie werden ihre Angst überwinden und nichts gewinnen. Oder weglaufen und nichts gewinnen.

Aha, sagt der Richter. Sie geben also zu, dass Sie nichts gewonnen haben bei Ihrer Fahnenflucht, und ich sage, ja, ich gebe es zu. Denn ich habe Kinder gezeugt, die wieder töten müssen.

Sie bereuen also Ihre Tat, sagt der Richter, und ich sage, nein, ich bereue sie nicht. Denn ich habe meinen Kindern gezeigt, wie die Stare ihren ersten Flug wagen und wie das Schneeglöckchen mit seiner zarten Blüte das harte Erdreich durchdringt, um ans Licht zu gelangen. Ich habe ihnen erzählt, wie viele Forscher ihr Leben aufs Spiel gesetzt haben, um die Menschen gesünder und glücklicher zu machen, und wie einer namens Odysseus auf dem Meer unzählige Abenteuer bestanden hat, um nach Hause zu kommen. Ich habe sieben Jahre lang gelebt und Liebe gegeben und Liebe empfangen. Alle geliebte Liebe ist nicht verloren in der Welt.

Nach diesen Worten, die der Mann laut und fast begeistert ausgesprochen hatte, fiel er in sich zusammen und schlug die Hände vor das Gesicht. Sprich nicht mehr, sagte Marian und legte ihre Arme um seinen Hals. Der

Mann räusperte sich und griff nach einer Zigarette, die er am Osterleuchter anzündete, und als er wieder zu reden begann, hatte er seine alte nüchterne Stimme und sein altes jungenhaftes Gesicht.

Wir haben eine wunderliche Ehe geführt, sagte er. Aber vielleicht war sie nicht wunderlicher als andere Ehen auch. In jeder Ehe versucht man, miteinander allein zu sein und sich zu verstecken vor der Welt. Man versucht, seinen Kindern etwas mitzugeben, das Beste, was man hat. Und eines Tages steht die Welt vor der Tür und schreit, Hände hoch, und schreit, kommt heraus, mit den Händen über dem Kopf. Und dann geht man hinaus, die Hände über dem Kopf. Es ist doch, sagte Marian, alles nur ein schreckliches Missverständnis. Du hast die Wäsche nicht gestohlen und erst recht keinen umgebracht. Was du getan hast, wäre bald verjährt gewesen und dann hätten wir in deine Heimat reisen können, glücklich und frei.

Sie fing an zu weinen, und der Mann drehte sich nach ihr um und wischte ihr mit den Fingern die Tränen vom Gesicht.

Wir sind immer unterwegs, sagte er freundlich. Jede Knospe ist eine Station, und jedes braune Herbstblatt ist eine Station. Was aber das andere anbetrifft, so ist alles nur ein Missverständnis, aller Hass und alles Elend in der Welt.

Wir haben uns verstanden, sagte Marian schluchzend.

Ja, sagte der Mann, und das ist schon viel. Das bleibt auch, wenn die, die sich lieb haben, getrennt werden und hinausgestoßen in etwas, das ihnen vorkommen muss wie die ewige Nacht. Es bleibt übrig und zieht durch die Luft wie die feinen Samen, die an ihren Fallschirmen durch die Schatten des Waldes hinabsinken, von der Sonne beglänzt.

In diesem Augenblick begannen draußen die Kinder gellend zu pfeifen, und nun hörte man auch Schritte auf dem steinigen

Weg, und Stimmen und das Keuchen von großen Hunden, die an der Leine geführt werden und die an ihren Leinen zerren.

Geh, versteck dich, flüsterte Marian entsetzt. Aber der Mann sprang vom Tisch, und ohne sie zu küssen oder noch einmal anzusehen, ging er mit großen Schritten auf die Tür zu. Er riss sie auf, und in diesem Augenblick begannen die Vorhänge zu wehen und die Kerzen zu flackern und Licht und Schatten tanzten durch die Küche. Marian sprang auf und wollte ihrem Mann nachlaufen. Aber da hob Jim, der in der Tür stand, schon die Hände über den Kopf. Die Hunde bellten und im Dorf drunten läuteten die eben aus Rom zurückgekehrten Glocken das Osterfest ein.

Der Hase Theodor

PETER HÄRTLING

Seit mehr als einem Jahr bewohnt der Hase Theodor einen hölzernen Stall in unserem Garten.

Clemens hat sich ein Häschen zu seinem sechsten Geburtstag gewünscht. Bei Nachbarn hatte er einen Hasen gesehen, der sehr viel kleiner war als alle Hasen im Wald – ein Hasenzwerg und ganz, ganz zahm! Wir glaubten ihm erst nicht, denn wir erinnerten uns an Stallkaninchen, an mächtige, kräftige Tiere, die durchaus mit Feldhasen zu vergleichen sind.

Ihr habt keine Ahnung, sagte Clemens.

Wir hatten keine Ahnung, wir wussten nicht, dass inzwischen Kaninchen auf Zwergengröße gezüchtet worden waren. Zum reinen Vergnügen, Nicht mehr, um Felle zu liefern oder abgezogen in den Kochtopf zu wandern. Diese Zwergenhasen sind ein Modeartikel. So, wie es Angorakatzen oder kleine Pudel sind. Für den Schoß und für das Zimmer.

Die Unterhaltung über den gewünschten Hasen war hartnäckig und scharf. Mutter wie Vater sprachen sich gegen das kleine Tier aus. Clemens war nicht abzubringen. Dann kamen alle üblichen Elternforderungen: Du musst wirklich für das Tier sorgen! Du musst ihn täglich füttern! Du musst den Stall putzen, hörst du, Clemens.

Clemens bejahte selbstverständlich alles und so entschlossen wir uns, eines dieser Zwergkaninchen zu kaufen. Vor einem Jahr waren sie noch nicht so in Mode. Und ich sage »Mode« ganz böse, weil ich finde, dass alle Modetiere eigentlich geschundene Wesen sind. Damals waren Zwergkaninchen noch nicht in sämtlichen Tierhandlungen zu kaufen. Wir mussten in die Nachbarstadt fahren, empfohlen von Hasenkundigen.

Vom Tierhändler wurden wir einer strengen Prüfung unterzogen: Haben Sie schon einen Stall?

Nein.

Wissen Sie, wie man mit Kaninchen umgeht?

Nein.

Diese Tiere sind empfindlich!

Wir werden schon dafür sorgen, dass es ihm gut geht.

Clemens musste vor dem Laden warten, denn er sollte sein Geburtstagsgeschenk nicht vor dem Geburtstag sehen. Seine drei Geschwister und seine Eltern suchten unter vier Wollzwergen das gewünschte aus. Es hatte kürzere Ohren als normale Hasen, kleine Löffel also, und war nicht größer als eine Hand. Ganz weiß das Fell, mit schwarzen Härchen an den Löffelspitzen und den Vorderpfoten, und rote, ein wenig dumm glotzende Äuglein. Wir fanden es lieb.

Der Händler setzte es in einen Pappkarton, gab uns Säcke mit Heu und Spreu und Trockenfutter mit. Er erläuterte uns, dass Wirsing ausgezeichnet, doch Weißkraut als Nahrung schädlich ist. Karotten freilich sind immer zu bevorzugen. Wasser oder Milch braucht das Tierchen nicht. Alle Nager nehmen die nötige Flüssigkeit mit den Gemüsen auf, die sie täglich in großen Mengen verzehren.

Ein Nachbar zimmerte uns den großen Stall. Er steht im Garten, auch im Winter, obwohl wir den Hasen im November ins Haus genommen haben. Wir fürchteten, er müsse frieren. Das war ein Irrtum, er hat wie seine Vorfahren, die großen Hasen, ein dickes Winterfell.

Clemens war in der Tat entzückt. Wir suchten verzweifelt nach einem Namen und fanden, »Theodor« wäre eigentlich schön.

Der Name ist ein bisschen größer als der Hase, aber er hat sich an ihn gewöhnt. Wir uns auch.

Die Gewöhnung jedoch brachte es mit sich, dass Clemens das Tier in seinem Stall bald vergaß. Er sagte zwar: Mein Theodor ... Für den Hasen war das keine Hilfe, denn er vergaß, ihn zu füttern.

Sein ältester Bruder, der Fabian, putzte den Stall alle zwei Wochen, und sein Vater lässt Theodor im Garten oder im Wohnzimmer den nötigen Auslauf. Nur die Jüngste, die dreijährige Sophie, die vor riesigen Hunden ebenso wenig Angst hat wie vor Blindschleichen, geht jeden Morgen erst einmal zum Stall und guckt, ob es dem Theodor gut geht. Sie ist die Einzige. Da sie ihm aber nur selten Salat, Karotten oder Körner bringt, hilft es dem Theodor wenig.

Ich finde es ohnehin schlimm, dass es diese Modetiere gibt, diese auf Handgröße gezüchteten Wesen. Was helfen uns Hunde, die in Blumenvasen passen und so hübsch zu fotografieren sind? Einst, als die Menschen noch Jäger oder Bauern waren, hatten die Hunde die Pflicht, zu jagen oder zu wachen. Heute beißen sie allenfalls den Nachbarn oder den Briefträger oder müssen zum Tierarzt, weil sie mit den Nerven herunter sind.

Zum Beispiel Theodor: Wenn wir ihn ins Wohnzimmer holen, damit er herumrennen kann, schlägt er jede Minute einen Haken. Das tut er, weil er eben ein Hase ist. Doch er schlägt diese Haken ohne Sinn. Kein Fuchs jagt hinter ihm her. So wird der Haken zum bloßen Kunststück, über das sich Kinder wie Clemens freuen. Theodor ist zum Artisten geworden, zum dummen August. Ich muss zugeben, dass mich dies alles zornig macht.

Die Geschichte hat ein bitteres Ende. Der Theodor hat Auslauf, er hat einen Besitzer und eine kleine Freundin, die ihn morgens besucht. Er hat eigentlich Fürsorge genug, doch er ist zu dumm, ein lebenstüchtiger Hase zu sein.

Allen Nagern wachsen die Zähne über die normale Größe hinaus, wenn sie sich nicht täglich an harten Gegenständen »verbeißen«.

Theodor hat es eine Weile getan. Er hat an den Holzstäben seines Stalles herumgebissen, richtige Kegel herausgeschnitten, bis er es vergaß. Dann begannen ihm die Vorderzähne zu wachsen, über die kleine Schnauze hinaus, wurden länger und länger. Morgen oder übermorgen gehen wir zum Tierarzt, der sie vermutlich abzwicken wird. Schon jetzt kann Theodor kaum noch fressen. Er ist ein nettes Spielzeug geworden und hat deshalb vergessen, dass er ein Hase ist, ein Nagetier. Jetzt können ihm nur die Menschen noch helfen. Die Menschen, die früher die Feinde des Hasen waren. Im Grunde sind sie es noch immer.

Die Kinder sind klüger als die Alten

LEO TOLSTOI

In diesem Jahr gab es frühe Ostern. Erst vor ein paar Tagen konnte man nur mit dem Schlitten vorankommen, und noch heute lagen Berge von Schnee in den Höfen, die Dorfstraße entlang floss aber das Schmelzwasser schon in Strömen. In einer Seitengasse hatte sich von einem Bauernhof zum andern eine große Pfütze zwischen zwei Misthaufen gebildet; dort trafen sich zwei Mädchen, das eine jünger, das andere etwas älter. Beide waren sie zum Osterfest von ihren Müttern prächtig herausgeputzt worden, die Kleine in einem blauen Sarafan, die Größere in einem gelben mit Streifen, beide aber trugen sie rote Kopftücher. Die Kirche war aus, und die zwei Kinder waren hierhergekommen, um sich ihre neuen

Kleider zu zeigen und miteinander zu spielen. Angesichts der Pfütze kam sie die Lust an, im Wasser zu planschen. Schon ging die Kleinere auf die Pfütze los, da hielt sie die Ältere zurück:

»Geh nicht hin, Malaschka, die Mutter wird dir böse sein! Lass uns erst die Schuhe ausziehen!«

Die Mädchen taten die Schuhe ab, hoben ihre Kleider hoch und gingen durch die Pfütze, eine der anderen entgegen. Als der Malaschka das Wasser bis an die Knöchel ging, kreischte sie auf:

»Es ist tief, Akuljuschka, ich fürchte mich!«

»Hab keine Angst«, ruft die andere, »es geht nicht tiefer, komm nur auf mich zu!«

Nun waren sie schon nahe beieinander. Akuljka warnt:

»Sei vorsichtig, Malaschka, spritz nicht, geh langsam!«

Kaum hat sie das gesagt, da plantscht die Malaschka mit ihrem Fuß auf das Wasser, dass der schöne Sarafan der Akuljka von oben bis unten nass wird; auch Akuljkas Nase und Augen bekamen etwas ab. Wie Akuljka die Flecke auf ihrem schönen Sarafan sieht, packt sie der Zorn, und mit lauten Schimpfworten läuft sie auf die Malaschka zu, um sie zu schlagen. Malaschka bekam es mit der Angst, als sie sah, was sie angerichtet hatte. Rasch sprang sie von der Pfütze weg und wollte schon geradewegs nach Hause laufen, da kam die Mutter der Akuljka hinzu und sieht den neuen Sarafan und das Hemd ihrer Tochter voller Schmutz.

»Wo hast du dich, Dreckfink, so beschmutzt?«

»Mich hat die Malaschka bespritzt, absichtlich hat sie es getan!«

Akuljkas Mutter packt die Malaschka und versetzt ihr einen tüchtigen Schlag. Aus Leibeskräften schreit Malaschka los, die ganze Straße entlang war es zu hören. Und da kam auch schon ihre Mutter gelaufen: »Was schlägst du mein Kind?«, fauchte sie ihre Nachbarin an. Diese, nicht faul, blieb die

Antwort nicht schuldig, ein Wort gab das andere, im Handumdrehen war der schönste Streit entbrannt. Auf den Lärm hin stürzten auch die Männer herbei, und bald war die Straße gerammelt voll von Menschen. Alle schreien, keiner hört auf den anderen, der eine beschimpft seinen Nachbarn, dieser schlägt zurück, und schon geht die schönste Prügelei los. Wie sie dies Unglück sieht, kommt eine alte Bäuerin gelaufen – es war Akuljkas Großmutter – und will die Bauern zur Vernunft bringen:

»Besinnt euch, liebe Leute! Habt ihr denn vergessen, was heute für ein Tag ist? Freuen sollen wir uns, ihr aber habt solche Sünde im Sinn.«

Kein Mensch hört auf die Alte, beinahe hätte man sie noch von den Beinen gestoßen. Niemals hätte sie mit ihren Worten etwas erreicht, wenn ihr nicht Akuljka und Malaschka selbst geholfen hätten.

Noch während sich die Weiber beschimpften, hatte Akuljka ihren Sarafan wieder in

Ordnung gebracht und kam zur Pfütze zurück. Mit einem Stein begann sie den Rand der Pfütze zu lockern, um das Wasser ablaufen zu lassen. Auch die Malaschka kam hinzu und half ihr dabei mit einem Stückchen Holz. Als bei den Bauern die Prügelei losging, waren die Mädelchen mit ihrer Arbeit fertig: der Rand der Pfütze war durchstochen, und das Wasser begann abzufließen und strömte durch den kleinen Graben, den die beiden gezogen hatten, auf die Straße hinab, gerade dorthin, wo die Alte sich alle Mühe gab, die Bauern zu beschwichtigen. An ihrem Graben entlang laufen die Mädelchen, die eine auf der einen, die andere auf der anderen Seite.

»Halt, halt, Malaschka, nicht so schnell!«, schreit Akuljka, und auch Malaschka will etwas sagen, doch bringt sie vor lauter Lachen kein Wort heraus. So laufen sie, lachen aus vollem Hals über den Holzspan, der – bald vorn, bald hinten untertauchend – ihnen davongeschwommen ist. Unversehens waren sie mitten in den streitenden Haufen hineingelaufen. Da erblickte auch die Alte sie und rief den Bauern zu:

»Schämt ihr euch nicht? Schaut die Kinder an! Ihr prügelt euch wegen der beiden, die aber haben ihren Streit schon längst vergessen und spielen miteinander, die Herzenskinder. Klüger sind sie als wir alten Leute!«

Da schauten die Bauern auf die beiden Kinder und schämten sich sehr, dann lachten sie über ihre Dummheit und gingen heim.

»Wahrlich, ich sage euch: Es sei denn, dass ihr euch umkehret und werdet wie die Kinder, so werdet ihr nicht ins Himmelreich kommen.«

Der Student

Anfangs war das Wetter still und gut. Die Drosseln schrien, und von den nahen Sümpfen her vernahm man wehmütige, lang gezogene Töne, als wenn in eine leere Flasche geblasen würde. Eine Waldschnepfe strich vorbei, und laut und lustig ertönte in der Frühlingsluft ein Schuss.

Aber als es im Walde anfing zu dunkeln, kam von Osten her, sehr zur Unzeit, ein kalter, durchdringender Wind.

Alles wurde schweigsam.

Auf den Pfützen streckten sich Eisnadeln aus, und im Walde wurde es dumpf, leer und unheimlich.

Man fühlte wieder den Winter.

Iwan Welikopolski, Student der Priester-Akademie, Sohn eines Küsters, ging, vom Schnepfenstand heimkehrend, einen Fußweg entlang über weite bewässerte Wiesen hin. Seine Finger waren erstarrt, und vom Winde glühte ihm das Gesicht. Es schien ihm, als ob die plötzlich eingetretene Kälte in allem die Eintracht und das Einvernehmen gestört habe, als würde es der Natur selbst unheimlich und als verdichtete sich daher das Abenddunkel schneller als nötig. Ringsherum war es öde und ganz besonders finster. Nur in den Witwen-Gärten am Fluss leuchtete ein Feuer. Im weiten Umkreise aber und dort, wo vier Werst entfernt ein Dorf lag, verschwamm alles im kalten, dunklen Abendnebel.

Der Student erinnerte sich, wie die Mutter, als er aus dem Hause ging, barfuß auf dem Flur saß und den Teekessel putzte und wie oben auf der Ofenbank der Vater hustete. Heute, am Karfreitag, war nicht gekocht worden, und der Hunger machte sich unangenehm fühlbar.

Und jetzt, während er sich vor Kälte zusammenzog, dachte der Student daran, dass zu

Zeiten des Warägerfürsten Rurik und Iwans des Schrecklichen und Peters des Großen ebenso ein Wind geweht hat und dass es auch damals ebensolch schlimme Armut, Hunger, ebensolche durchlöcherten Strohdächer, ebensolches Elend gegeben hatte; ringsherum war dieselbe Öde, Finsternis und dasselbe Gefühl des drückenden Jammers gewesen. Alle diese Schrecken waren, sind und werden sein, und nur darum, dass ein Jahrtausend dahingeht, wird es nicht besser werden …

Und er verlor die Lust, nach Hause zu gehen. Die Gemüsefelder wurden deshalb »Witwen-Gärten« genannt, weil sie zwei Witwen, Mutter und Tochter, gehörten. Das Feuer brannte heiß und knisternd und erhellte weit herum den aufgepflügten Acker. Die Witwe Wassilissa, eine große, volle Alte im Männerpelz, stand daneben und schaute nachdenklich ins Feuer. Ihre Tochter Lukerja, klein und pockennarbig, mit einem dummen Gesichtsausdruck, saß auf der

Erde und scheuerte den Kessel und die Löffel. Man hatte augenscheinlich eben erst zu Abend gegessen. Männerstimmen erschallten; es waren die Arbeiter, die am Flusse Pferde tränkten.

»Da haben wir ja wieder den Winter«, sagte, ans Feuer herantretend, der Student. »Guten Abend!«

Wassilissa fuhr zusammen, aber sie erkannte ihn gleich und lächelte freundlich.

»Grüß Gott, ich erkannte dich nicht, wirst reich werden«, sagte sie.

Man sprach eine Weile. Wassilissa, eine erfahrene Frau, die früher bei Herrschaften als Amme und dann als Wärterin gedient hatte, drückte sich delikat aus, und auf ihrem Gesicht spielte ein sanftes, solides Lächeln. Ihre Tochter Lukerja dagegen, ein von ihrem Manne eingeschüchtertes Bauernweib, blinzelte nur den Studenten an und schwieg mit einem Ausdruck, wie ihn Taubstumme haben.

»Ganz ebenso wärmte sich beim Feuer in ei-

ner kalten Nacht auch der Apostel Petrus«, sagte, die Hände überm Feuer ausstreckend, der Student. »Also war es auch damals kalt. Oh, was war das für eine schreckliche Nacht, Großmutter! Eine unsäglich traurige Nacht!«

Er blickte ringsum ins Dunkel, schüttelte nervös den Kopf und fragte:

»Ihr wart wohl heut zu den ›Zwölf Evangelien‹?«

»Jawohl«, antwortete Wassilissa.

»Wenn Ihr Euch erinnert, sagte während des heiligen Abendmahls Petrus zu Jesu: ›Mit dir bin ich bereit, ins Gefängnis und in den Tod zu gehen.‹ Der Herr antwortete darauf: ›Petre, ich sage dir, der Hahn wird heute nicht krähen, ehe denn du dreimal verleugnet hast, dass du mich kennest.‹ Nach dem Abendmahl zagte Jesus, betrübt bis an den Tod, im Garten und betete, der arme Petrus aber ermüdete in der Seele, wurde schwach, seine Lider wurden ihm schwer, und er konnte sich des Schlafes nicht enthalten. Er schlief ein ... Dann küsste, wie Ihr gehört habt, in derselben Nacht Judas Jesum und verriet ihn seinen Peinigern. Gebunden führte man ihn zum Hohenpriester und schlug ihn. Petrus aber, ermüdet, gequält von peinlicher Unruhe – stellt Euch das vor –, verschlafen und vorausahnend, dass gleich, gleich auf der Erde etwas Schreckliches geschehen müsse, folgte hinterher ... Er liebte Jesum leidenschaftlich und sinnlos und sah jetzt von Ferne, wie man ihn schlug ...«

Lukerja legte die Löffel weg und blickte den Studenten bewegungslos an.

»Sie kamen zum Hohenpriester«, fuhr er fort. »Man fing an, Jesum zu fragen. Die Knechte aber hatten unterdes mitten im Palast ein Kohlenfeuer gemacht, denn es war kalt, und sie wärmten sich. Petrus aber stand bei ihnen am Feuer und wärmte sich auf, so wie ich jetzt. Eine Magd erblickte ihn und sprach: ›Und du warest auch mit dem Jesu.‹ Das sollte heißen, dass man ihn zu Gericht schleppen sollte. Und all die Knechte, die

ums Feuer lagerten, sahen in wahrscheinlich misstrauisch und finster an, denn er
wurde verlegen und sagte: ›Ich kenne ihn
nicht.‹ Und über eine Weile erkannte in
ihm wieder jemand einen Jünger Jesu und
sprach: ›Du bist auch so einer.‹ Er verleug-
nete abermals. Und zum dritten Mal wand-
te sich jemand an ihn: ›Sah ich dich nicht
heute im Garten bei ihm?‹ Er leugnete zum
dritten Mal. Und danach krähte alsbald der
Hahn, und Jesus blickte von Weitem Petrus
an, und dieser gedachte an des Herrn Wort,
das er zu ihm beim Abendmahl gesagt hatte
... Er gedachte dessen, kam wieder zu sich,
verließ den Palast und weinte bitter, bitter
... In der Schrift heißt es: ›Und er ging hinaus und weinte bitterlich.‹ Ich kann es mir
vorstellen: Ein stiller, stiller, dunkler, dunkler Garten, und in der Stille vernimmt man
kaum das dumpfe Schluchzen ...«
Der junge Theologe atmete auf und versank
in Gedanken.
Wassilissa fuhr fort zu lächeln, aber mit ei-

nem Male schluchzte sie auf, große, zahlreiche Tränen stürzten ihr über die Wangen, und sie schützte mit dem Ärmel ihr Gesicht vor dem Feuer, gleich als schämte sie sich ihrer Tränen. Lukerja blickte unverwandt auf den Studenten und wurde rot. Ihr Gesicht nahm einen mühseligen und angestrengten Ausdruck an, wie bei einem Menschen, der einen heftigen Schmerz unterdrückt.

Die Arbeiter kehrten zurück vom Fluss, und einer von ihnen, hoch zu Pferde, war schon nahe, und der Schein des Feuers beleuchtete zitternd seine Gestalt.

Der Student wünschte den Witwen eine gute Nacht und ging weiter. Und wieder umgab ihn die Finsternis, und seine Hände begannen zu frieren. Es wehte ein böser Wind, der Winter kam in der Tat wieder, und es sah nicht aus, als gäbe es übermorgen Ostern.

Jetzt dachte der Student an Wassilissa: Wenn sie zu weinen begann, so hat also alles das, was in jener schrecklichen Nacht mit Petrus vorging, auch eine gewisse Beziehung zu ihr ...

Er drehte sich um. Das einsame Feuer blinzelte ruhig in der Dunkelheit, und man sah neben ihm keinen Menschen mehr.

Der Student dachte wieder, dass, wenn Wassilissa weinte und ihre Tochter verlegen wurde, augenscheinlich das, wovon er eben erzählt, was sich vor neunzehn Jahrhunderten zugetragen, auch eine gewisse Beziehung zur Gegenwart haben müsse – zu den beiden Frauen, zum einsamen Dorfe, zu ihm selbst und zu allen Menschen. Wenn die Alte weinte, so geschah es nicht deshalb, weil er rührend erzählen kann, sondern weil Petrus ihr nahesteht und weil sie mit ihrem ganzen Wesen daran beteiligt ist, was in der Seele Petri vor sich gegangen war.

Und plötzlich erbebte seine Seele vor Freude, und er blieb sogar einen Augenblick stehen, um Atem zu holen.

»Die Vergangenheit«, dachte er, »ist mit der Gegenwart durch eine ununterbrochene

Kette von Ereignissen verbunden, von denen eines dem andern entspringt.«

Und es schien ihm, als hätte er soeben beide Enden dieser Kette gesehen: Und so wie er das eine berührt hatte, erzitterte das andere.

Als er aber auf der Fähre über den Fluss setzte und hernach den Berg hinanstieg, auf sein heimatliches Dorf sah, da dachte er, dass die Wahrheit und Schönheit, die dort im Garten und im Hofe des Hohenpriesters das Menschenleben gelenkt hatten, ununterbrochen auch bis auf den heutigen Tag bestehen und im Menschenleben und überhaupt auf der Welt wohl stets das Wichtigste gewesen sind.

Und das Gefühl der Jugend, Gesundheit und Kraft – er war erst 22 Jahre alt – und eine unaussprechliche süße Erwartung des Glückes, des unbekannten, geheimnisvollen Glückes, beschlichen ihn allmählich, und das Leben erschien ihm schön, wunderbar und voll hoher Bedeutung.

Das Neue muss entdeckt werden

DOM HÉLDER CÂMARA

*H*aben Sie schon einmal darüber nachgedacht, wie eintönig es ist, hin und her immer denselben Weg, über dieselben Geleise fahren zu müssen, ohne eine Handbreit nach links oder rechts abweichen zu können? Die Langeweile von Straßenbahn und Geleisen ist die Öde derer, die es Tag für Tag mit demselben Einerlei, mit denselben Stimmen, mit denselben Gesichtern zu tun haben. Die Langeweile von Straßenbahn und Geleisen ist die Öde derer, die immer dieselbe monotone Arbeit verrichten, immer dasselbe Drum und Dran, immer dasselbe Grau.

Stellen Sie sich doch einmal das eintönige Geschäft vor, den ganzen Tag Kaffeetassen in heißes Wasser zu tauchen, zu spülen und wieder aufs Regal zu stellen, damit ein

114

Arbeitskollege in den sauberen Tassen den Gästen wieder Kaffee servieren kann!

Tag für Tag dieselben Gesichter sehen, dieselben Stimmen hören, durch dieselben Zimmer gehen und dieselben Bilder durchs Fenster betrachten zu müssen, setzt einen der Gefahr aus, von der Immer-dasselbe-Krankheit erfasst zu werden. Wenn man recht nachdenkt, ist alles am anderen Morgen neu. Wir selbst sind ja, was wir gestern waren, plus der Erfahrung, die wir am Vortag gemacht haben. So haben wir uns an die Überraschungen gewöhnt, die der heutige Tag bringen wird.

Dasselbe geschieht mit jedem und mit allem um uns herum. Das Licht, das vom Himmel kommt, ist nicht mehr dasselbe, das uns noch gestern den Weg wies. Der Wind, der uns umfasst, Kühle bringt und die Haare durchkämmt, ist zwar der Bruder des Windes, den wir gestern erfuhren, aber ist beileibe nicht mehr der Wind vom Vortag. Machen Sie sich mal einen Spaß daraus,

Neues an all den Dingen zu entdecken, die unveränderlich erscheinen. Freuen Sie sich daran zu sehen, dass Gottes Schöpfungswerk durch die Mitarbeit des Menschen jeden Tag neu beginnt, jeden Morgen neu erstrahlt und in jeder Morgendämmerung neu geboren wird.

Schirme, glanznass und schwarz

MAX FRISCH

April in den Städten, in den öffentlichen Alleen mit braunen Lachen unter dem laublosen Gezweig ihrer alten Platanen, Schirme, glanznass und schwarz, Frauen in schwarzen Stiefeln und lehmhellen Mänteln. Lange ist's her! Mit Geläute der Münster! Mit Tauwetter in den Straßen, mit kahlen Allen und Bänken, mit Bläue, mit Sonne am See, mit ziehenden Spiegelgewölken in den Scheiben der Häuser! Man trieb so durch Straßen, heimatlos in Schluchten aus bewohntem Stein, und später hat man doch Heimweh nach alldem! Seltsames Herz! Es altert umsonst ... Sonne des Frühlings, Sonne des Morgens in den dünnen Spalieren, noch fällt sie durch alles hindurch, rieselt auf körnigen Putz und spielt mit dem Geschleif der Ranken, mit Arabesken aus wässerigen Schatten. Jeder hat seine Arbeit um Brot, seine Art von Sklaverei! Auf einer Leiter stehen und blonden Bast zopfen, Millionen würden dafür tauschen. Und dennoch, dass man nicht weg kann! Einen Nachmittag einmal im Monat. Und wo wollte man hin? Wolken ziehen, in finsteren Lappen hangen die langen schmalen Äcker über den Hügel, vom Pflug gekämmt, und die Wiesen verfärbt von dem letzten Schnee, von braunen Fächern der Jauche unter dem schwarzen Gewirr der Obstbäume, dem geisterhaften Knäuel ihrer Äste; Wolken ziehen über rehrötliche Wälder –.

Aus einem Frühling

RAINER MARIA RILKE

O alle diese Toten des April,
der Fuhren Schwärze, die sie weiterbringen
durch das erregte übertriebene Licht:
als lehnte sich noch einmal das Gewicht
gegen zuviel Leichtwerden in den Dingen
mürrischer auf ... Da aber gehen schon,
die gestern noch die Kinderschürzen
hatten,
erstaunt erwachsen zur Konfirmation;
ihr Weiß ist eifrig wie vor Gottes Thron
und mildert sich im ersten Ulmenschatten.

Maikäfer,
fliege

Der Maikäfer

HERMANN LÖNS

Jeder Monat hat seine besonderen Erzeugnisse. So auch der Mai. Er hat Maienlüfte, Maitrank, Maiblumen, Mairegen, Maikatzen, Karauschen mit Maibutter, Maifeiern und Maikäfer.

Der Maikäfer gehört nach der Meinung der Gelehrten zu den Insekten; das ist ein Irrtum; er gehört zu den Schuljungens. Niemals sieht man ihn anders als in deren Begleitung.

Der Maikäfer heißt in seiner Jugend Engerling. In diesem Zustande schafft er bedeutenden Nutzen dadurch, dass er von den nützlichen Maulwürfen gefressen wird. Diese Tatsache ist bis heute leider noch nicht genügend gewürdigt worden, vielmehr hat man den Engerling, weil er Getreidewurzeln frisst, bisher immer für schädlich gehalten.

Gäbe es keine Engerlinge, so wäre der Maulwurf lediglich auf Regenwürmer angewiesen. Regenwürmer aber sind sehr nützlich, denn erstens braucht man sie nämlich zum Angeln, und zweitens drainieren und düngen sie den Erdboden in hohem Maße, wie Charles Darwin bewiesen hat. Würde der Maulwurf also weiter nichts als Regenwürmer haben, so würden diese bald ausgerottet sein und können der Landwirtschaft nicht mehr so viel nützen.

In den naturgeschichtlichen Bücher zerfällt der Maikäfer, der dort Melolontha genannt wird, weil das gelehrter klingt, wie manche Fürstengeschlechter in zwei Linien, in M. vulgaris und M. Hippocastani. In der naturwissenschaftlichen Systematik der Schuljungens zerfällt er ebenfalls in zwei Linien, die aber Müller und Schuster genannt werden.

Die Schuster sind oben braun. Sie haben keinen großen Handelswert, denn bei günstiger Konjunktur bekommt man für einen Hosenknopf schon ein Dutzend, während ein Müller, der oben weiß ist, Liebhaberpreise bis zu einem Dutzend erzielt.

Es gibt nicht jedes Jahr viele Maikäfer. Oft gibt es drei Jahre lang keine, im vierten aber so viele, dass der Ausfall der schlechten Jahre reichlich wieder wettgemacht wird. Solche Jahre nennt man Flugjahre, obgleich es eigentlich Fluchjahre heißen muss, denn alle Leute, die sich aus Maikäfern nichts machen, führen dann unchristliche Reden, weil die Maikäfer die Bäume kahl fressen.

Das ist ungerecht; auch ein Maikäfer hat Hunger. Und da das Laub im Herbst doch abfällt, so kann man es ihm schon gönnen, zumal er es versteht, die Blätter in allerliebster Art auszuzacken. Jedenfalls ist es besser, der Maikäfer frisst Blätter, als dass er, wie die Mücken, nach unserem Herzblute lechzt.

Die Larve des Maikäfers lebt in der Erde, der Maikäfer selbst dagegen in Zigarrenkästen und Botanisiertrommeln. Er ist sehr intelligent, lässt sich leicht zähmen und zum Ziehen von kleinen, aus Streichholzschachteln gemachten Wagen abrichten. Dagegen ist alle Mühe, ihm das Reden beizubringen, bisher umsonst gewesen.

Der Maikäfer besitzt zwei Augen, die einen eigentümlichen starren Blick haben, und zwei Fühler, die bei den Weibchen klein, bei den Männchen doppelt so groß sind. Wenn der Maikäfermann guter Laune ist, breitet er seine Fühler auseinander, so dass sie wie zwei kleine rotbraune Fächer aussehen.

Wenn der Maikäfer fliegen soll, braucht man ihm nur ein Lied vorzusingen: »Maikäfer, flieg'!" Das hat er so oft gehört, dass es ihm über ist, und er macht dann schnell, dass er fortkommt. Dann pumpt er sich voll Luft, breitet die Flügel aus, erst die oberen, hornigen, dann die unteren, häutigen, und summt ein schönes Lied, dessen Text hier nicht wiedergegeben werden kann, weil die Sprache der Maikäfer erst mangelhaft bekannt ist.

Die lebendigen Maikäfer haben vier bis fünf Beine, während die in Käfersammlungen befindlichen meist keine haben. Hin und wieder findet man dort einen, der eins hat, manche haben sogar zwei, es soll auch welche mit drei gegeben haben, doch ist diese Nachricht nicht genügend verbürgt.

Am Ende des Hinterleibes hat der Maikäfer eine Spitze, die weder zweckmäßig noch hübsch ist. Sie erinnert dadurch an die Kopfbedeckung des erwachsenen Kulturmenschen, den Zylinder, der zwar unzweckmäßig, dafür aber um so hässlicher ist. Alle Versuche, den Maikäfer zu bewegen, von dieser Mode abzugehen, sind bisher vergeblich gewesen.

Der Maikäfer hat nur ein kurzes Leben. Wenn er sein Ende herannahen fühlt, begibt er sich in die Nähe eines Spatzen und spart so die Kosten der Beerdigung. Die Maikäferfrau legt, wohlgemerkt vorher, Eier in die Erde. Daraus kommen dann die Engerlinge, die drei Jahre gebrauchen, ehe sie sich verpuppen. Zu diesem Zwecke bauen sie in der Erde eine Höhle, ziehen ihr altes Kleid nebst den Beinen aus und werden zu einer Puppe. Aus dieser kriecht im Herbst der Käfer. Das ist die einzige Dummheit, die man diesem besonnenen Tiere bisher hat nachweisen können.

Da es dann bald Winter wird, so muss der Maikäfer seinen Appetit auf frische Blätter noch etwas bezähmen. Kluge Männer, die gern einen Schnaps trinken wollen, graben am ersten Januar den Maikäfer aus, wickeln ihn in ein rotes Baumwollentaschentuch und bringen ihn zu der Zeitung, nachdem sie sich mit zwei einwandsfreien Zeugen umgeben haben, die bereit sind, zu beschwören, dass dieses der erste Maikäfer des laufendes Jahres sei. Sie bekommen dann zwanzig Pfennige, die sie in Kornbranntwein sicher anlegen, und erhöhen also den Konsum zugunsten der Landwirtschaft bedeutend. So fördert auch der Maikäfer in dieser Hinsicht das Nationalwohl.

Über das Seelenleben der Maikäfer ist noch sehr wenig bekannt. Wir wissen nur, dass er zählen kann; wie weit aber, ob bis drei oder noch weiter, das ist noch nicht erforscht.

Und darum hat es, solange diese naheliegende Frage noch nicht völlig gelöst ist, wenig Wert, sich mit entfernteren zu beschäftigen, wie viele Leute es tun, indem sie das bisschen freie Zeit, das ihnen das Essen, Trinken und Schlafen übrig lässt, damit vergeuden, dass sie über die Unsterblichkeit der Maikäfer nachdenken.

Es gibt keine Maikäfer mehr

REINHARD MEY

Wenn ich vor dem neuen Parkhaus stehe,
denk' ich manchmal dran,
Wie das früher hier mal aussah,
eh' der große Bau begann:
Da, gleich an der Einfahrt, an der Kasse,
da war Schlüters Haus
Und gleich dort, neben der Schranke,
da wohnte die alte Kraus.
Bei der stieg ich regelmäßig jedes Frühjahr
über'n Zaun,
Und genauso regelmäßig wurde ich dafür
verhau'n.
In den Garten wagten sich die Nachbarskin-
der nicht und so
Gab's darin zur Maikäferzeit
viel mehr als sonst anderswo.
Ich seh' mich noch heute loszieh'n mit dem
großen Schuhkarton,

Mit den Luftlöchern im Deckel zu mancher
Expedition;
Und ich rüttelte an Bäumen,
und ich wühlte auch im Moos,
Die Erfolge waren prächtig und
mein Trickreichtum war groß.
Würd' ich heut noch einmal loszieh'n,
blieb mein Schuhkarton wohl leer;
Selbst ein guter Käferjäger
Brächte keinen Schornsteinfeger,
Keinen Müller, erst recht keinen Kaiser her:
Es gibt keine Maikäfer mehr, es gibt keine
Maikäfer mehr!

Hin und wieder sah der alte
Schlüter meine Beute an.
Der war Maikäferexperte und erinnerte sich
dran,
Dass die Käfer damals eine
Plage waren, dass sogar
Dem, der die meisten einfing, eine Prämie
sicher war,
Dass die Kinder schulfrei kriegten für den
Maienkäferfang,

Und er sagte, dass ihm damals
mancher schöne Coup gelang.
Und die Zahlen, die er nannte, die beein-
druckten mich tief,
So dass ich mit meiner Beute fast beschämt
nach Hause lief.
Wenn ich heut' noch einmal halb so viel wie
damals fangen könnt',
Würd ich wohl' zum König aller Maikäfer-
sucher gekrönt.
Nicht, dass ich vergessen hätte, wie und wo
man welche fängt,
Oder aus dem Alter raus bin, wo es einen
dazu drängt.
Nein, würd' ich noch einmal loszieh'n,
blieb mein Schuhkarton wohl leer;
Selbst ein guter Käferjäger
Brächte keinen Schornsteinfeger,
Keinen Müller, erst recht keinen Kaiser her:
Es gibt keine Maikäfer mehr, es gibt keine
Maikäfer mehr!

Es gibt wichtigere Dinge, aber ich schreibe trotzdem

Auf ein Birkenblatt die Noten für ein Käferrequiem.

Es gibt sicher ein Problem, dessen Erforschung sich mehr lohnt

Als, warum denn heut' im Parkhaus wohl kein

Maikäfer mehr wohnt.

Warum kriecht im Eichbaum, der davorsteht, keiner im Geäst?

Wenn mir diese Frage letzten Endes keine Ruhe lässt,

Dann vielleicht, weil ich von ihnen einst gelernt hab',

wie man summt,

Wie man kratzt und wie man krabbelt, wie man zählt

und wie man brummt,

Wie man seine Fühler ausstreckt

und natürlich, weil ich find',

Dass sie irgendwie entfernte Namensvettern von mir sind.

Vielleicht ängstigt mich ihr Fortgeh'n,
denn vielleicht schließ' ich daraus,
Vielleicht geh'n uns nur die Maikäfer ein
kleines Stück voraus.
Denn würd ich noch einmal loszieh'n,
blieb mein Schuhkarton wohl leer;
Selbst ein guter Käferjäger
Brächte keinen Schornsteinfeger,
Keinen Müller, erst recht keinen Kaiser her:
Es gibt keine Maikäfer mehr, es gibt keine
Maikäfer mehr!

Maikäfer, flieg!

PETER FRANKENFELD

Man soll nicht alles lesen, was an Bauzäunen und Plakatsäulen steht. Möglicherweise liest man im ungeeigneten Augenblick: ENTHEMMEN SIE SICH DURCH FREIES REDEN!

Aber nun geht es einem mit den Anschlagsäulen so wie mit Fernsehsendungen: man sollte sich nicht alles ansehen und sieht doch immer wieder hin. So las ich vor Kurzem das Plakat:

SONNTAG GROSSE MAIKÄFER-BEKÄMPFUNG UNTER MITWIRKUNG DER BEVÖLKERUNG.

Das erboste mich. Ich liebe Maikäfer: zunächst einmal wegen ihres oft gerühmten Liebeslebens, dann aber auch, weil sie die Vorboten des Sommers sind. Als Knabe hatte ich sie in Schuhkartons gesammelt, mit Kastanienblättern verpflegt, und nun ...

Ich rief den Tierschutzverein an. Am Telefon war ein brummiger Herr. Er erklärte sich für Maikäfer nicht zuständig.

Ich beschloss, auf eigene Faust zu handeln. Zunächst ging ich hinüber zum Spielplatz und versammelte eine Schar Kinder um mich, dann gründete ich den VDM, den Verein Deutscher Maikäferfreunde. Ich versprach den Kindern zehn Pfennig für jeden Käfer, den sie mir in die Wohnung bringen würden.

Am Sonntagmorgen ging's los. Kinder sind Frühaufsteher, und um 6.30 Uhr hatte ich die ersten zwei Kartons voll Maikäfer im Haus. Während des Vormittags klingelte und klopfte es ununterbrochen. Ich suchte nach Zigarrenkisten, Schuhkartons und kleinen Koffern. Natürlich machte sich der eine oder andere Maikäfer selbständig und krabbelte in meinem Zimmer herum. Beim Stapeln der vierzehnten Kiste fiel ein ganzer Kartonturm um. Mein verzweifeltes Bemühen, ihn wieder aufzurichten, schlug fehl.

Meine Aktion hatte mich bis dahin bereits zweiundsechzig Mark gekostet. Ich wurde besorgt, denn bis Montag, dem Ende der Vernichtungsaktion, wollte ich die Maikäfer im Hause behalten.

Nachmittags wurde es bedrohlich. Neue Kinder, neue Kartons, neue Maikäfer. Ich kam nicht mehr zum Zählen. Die Kartons stapelten sich im Badezimmer und im Korridor. Als ich gegen Abend Licht im Zimmer anknipste, stieg ein gewaltiger Schwarm von Maikäfern aus Schrank und Bett, Gardinen und umgestülpten Schachteln in Richtung Lampe auf. Es war ein herrlicher, brummender Chor. Mit einer Taschenlampe konnte ich durch das Zimmer gehen, und willig folgte der ganze Schwarm dem Lichtstrahl.

Bei diesem Dressurakt wurde ich plötzlich von meiner Frau unterbrochen. So hatte ich sie noch nie erlebt. Gegen meinen Willen riss sie die Fenster auf. Aber – kein Maikäfer flog aus dem hellen Zimmer in die dunkle

Nacht hinaus. Im Gegenteil, neue Maikäfer, also ungekaufte, flogen herein.

Die Nacht verbrachte ich schlaflos. Als der Morgen graute, entdeckten die Maikäfer die grünen Bäume und Felder vor dem Fenster. Es war Montag. Die große Vernichtungsaktion der Stadt war vorüber. Ich hatte gesiegt! Ich hielt eine kurze Ansprache, die in dem Abschiedsruf gipfelte: »Maikäfer, fliegt! Genießt die deutschen Wälder!« Ich riss die Fenster auf, die Käfer formierten sich zu einem großen Geschwader und zogen ab.

Eine Viertelstunde später kam der von meiner Frau herbeigerufene Kammerjäger. Er fand nur noch einen völlig ermatteten Käfer vor.

Der gefühlvolle Kammerjäger hob das kleine Owehchen sorgfältig mit zwei Fingern auf und nahm es mit nach Hause. Denn seine Jungen, sagte er, lieben Maikäfer.

Der Maikäfer gehört zu den Schuljungen

HERMANN LÖNS

Der Maikäfer gehört nach der Meinung der Gelehrten zu den Insekten; das ist ein Irrtum; er gehört zu den Schuljungen. Niemals sieht man ihn anders als in deren Begleitung. Oft gibt es drei Jahre lang keine, im vierten aber so viele, dass der Ausfall der schlechten Jahre reichlich wieder wettgemacht wird. Solche Jahre nennt man Flugjahre, obgleich es eigentlich Fluchjahre heißen muss, denn alle Leute, die sich aus Maikäfern nichts machen, führen dann unchristliche Reden, weil die Maikäfer die Bäume kahl fressen. Die lebendigen Maikäfer haben vier bis fünf Beine, während die in Käfersammlungen befindlichen meist keine haben. Hin und wieder findet man dort einen, der eins hat, manche haben sogar zwei, es soll auch welche mit drei gegeben haben, doch ist diese Nachricht nicht verbürgt. Der Maikäfer hat nur ein kurzes Leben. Wenn er sein Ende herannahen fühlt, begibt er sich in die Nähe eines Spatzen und spart so die Kosten der Beerdigung. Die Maikäferfrau legt, wohlgemerkt vorher, Eier in die Erde. Daraus kommen dann die Engerlinge, die drei Jahre gebrauchen, ehe sie sich verpuppen. Zu diesem Zwecke bauen sie in der Erde eine Höhle, ziehen ihr altes Kleid nebst den Beinen aus und werden zu einer Puppe. Aus der kriecht im Herbst der Käfer. Das ist die einzige Dummheit, die man diesem besonnenen Tiere bisher hat nachweisen können. Über das Seelenleben der Maikäfer ist noch sehr wenig bekannt. Wir wissen nur, dass er zählen kann; wie weit aber, ob bis drei oder noch weiter, das ist noch nicht erforscht.

Das Maiblümchen

JEAN PAUL

Weißes Glöckchen mit dem gelben Klöppel, warum senkst du dich? Ist es Scham, weil du bleich wie Schnee früher die Erde durchbrichst als die großen stolzen Farbenflammen der Tulpen und der Rosen? – Oder senkst du dein weißes Herz vor dem stürmenden Mai? Oder willst du gern deinen Tautropfen wie eine Freudenträne vergießen für die junge schöne Erde? – Zartes, weißes Knospenblümlein, hebe dein Herz! Ich will es füllen mit Blicken der Liebe, mit Tränen der Wonne. O Schönste, du erste Liebe des Frühlings, hebe dein Herz!

Hab Sonne im Herzen

CÄSAR FLAISCHLEN

Hab Sonne im Herzen,
ob's stürmt oder schneit,
ob der Himmel voll Wolken,
die Erde voll Streit ...,
hab Sonne im Herzen,
dann komme, was mag:
dann leuchtet voll Licht dir
der dunkelste Tag!

Hab ein Lied auf den Lippen,
mit fröhlichem Klang,
und macht auch des Alltags
Gedränge dich bang ...,
hab ein Lied auf den Lippen,
dann komme, was mag:
das hilft dir verwinden
den einsamsten Tag!

Hab ein Wort auch für andre
in Sorg und in Pein
und sag, was dich selber
so frohgemut lässt sein:
Hab ein Lied auf den Lippen,
verlier nie den Mut,
hab Sonne im Herzen,
und alles wird gut!

Guter Rat

THEODOR FONTANE

An einem Sommermorgen,
da nimm den Wanderstab,
es fallen deine Sorgen
wie Nebel von dir ab.

Des Himmels heitere Bläue
lacht dir ins Herz hinein
und schließt, wie Gottes Treue,
mit seinem Dach dich ein.

Rings Blüten nur und Triebe
und Halme von Segen schwer,
dir ist, als zöge die Liebe
des Weges nebenher.

So heimisch alles klinget
als wie im Vaterhaus,
und über die Lerchen schwinget
die Seele sich hinaus.

Quellenverzeichnis

Texte

Werner Bergengruen, Der Ostergruß. Erschienen in: Werner Bergengruen, Der letzte
 Rittmeister, Zürich 1952. © Werner Bergengruen-Archiv, Dr. Luise Hackelsberger,
 Neustadt/Weinstraße.
Hélder Camara, Das Neue muss entdeckt werden. Erschienen in: Hélder Camara, Selig,
 die träumen © 1982 Pendo Verlag in der Piper Verlag GmbH, München und Zürich.
Peter Frankenfeld, Maikäfer, flieg. Erschienen in: Peter Frankenfeld, Humor ist Trumpf. ©
 1980 F.A. Herbig Verlagsbuchhandlung GmbH, München.
Max Frisch, Schirme, glanznass und schwarz. Textauszug aus: Max Frisch, Die Schwieri-
 gen oder J'adore ce qui me brûle, aus: ders., Gesammelte Werke in zeitlicher Folge.
 Herausgegeben von Hans Mayer. Band 1: 1931-1944, Seite 562. © Suhrkamp Verlag
 Frankfurt am Main 1976. Alle Rechte bei und vorbehalten durch Suhrkamp Verlag
 Berlin.
Peter Härtling, Der Hase Theodor. Erschienen in: Peter Härtling, Geschichten für Kinder
 © 1988 Beltz & Gelberg in der Verlagsgruppe Beltz, Weinheim/Basel.
Hermann Hesse, Der Pfirsichbaum. Erschienen in: Hermann Hesse, Sämtliche Werke in
 20 Bänden. Herausgegeben von Volker Michels. Band 14: Betrachtungen und Be-
 richte 1927-1961. © Suhrkamp Verlag Frankfurt am Main 2003. Alle Rechte bei und
 vorbehalten durch Suhrkamp Verlag Berlin.
Marie Luise Kaschnitz, Der Deserteur. Erschienen in: Marie Luise Kaschnitz, Lange
 Schatten. Erzählungen © 1960 Claasen Verlag in der Ullstein Buchverlage GmbH,
 Berlin.
Marie Luise Kaschnitz, Am Feiertag. Aus: Marie Luise Kaschnitz, Gesammelte Werke in
 sieben Bänden, Band 5: Die Gedichte. © Insel Verlag Frankfurt am Main 1985. Alle
 Rechte bei und vorbehalten durch Insel Verlag Berlin.
König der Könige, Text und Melodie: Jesus-Bruderschaft, Gnadenthal © Präsenz-Verlag,
 Gnadenthal.
Reinhard Mey, Maikäfer fliege. Erschienen in: Reinhard Mey, Alle Lieder © Edition
 Reinhard Mey, Berlin.
Karl Heinrich Waggerl, Begegnung mit dem Löwenzahn. Erschienen in: Karl Heinrich
 Waggerl, Mein Garten. © Otto Müller Verlag Salzburg 2002.
Eckhart zur Nieden, Der Gärtner. Alle Rechte beim Autor.

Fotos

Umschlag © acik/Fotolia.de; Illustrationen, Kapitelanfangseiten © Actomic/Fotolia.de;
Paginierung © Alex/Fotolia.de.

Wir danken den genannten Rechteinhabern für die freundliche Erteilung der Abdruck-
genehmigung. Der Verlag hat sich bemüht, alle Rechteinhaber in Erfahrung zu bringen.
Für zusätzliche Hinweise sind wir dankbar.